マクドナルド、P&G、ヘンケルで学んだ

圧倒的な成果を生み出す

「劇薬」の仕事術

足立光
元日本マクドナルド
マーケティング本部長

ダイヤモンド社

Mishima-san

Love is

Giving!

Feb 25. 2019

[illegible]立光

はじめに

誰もが反対した、日本マクドナルドへの転身

「絶対にやめたほうがいい」
「その選択は今、ありえないだろう」
「カルチャーがお前とは、まったく合わないぞ」

私は何かアクションを起こす前に、いろんな方にお話を伺うことが多いのですが、2015年の夏、私が転職先として日本マクドナルドを考えている、と伝えると、決まってこんなリアクションが返ってきました。

お話を伺った方の中には、以前日本マクドナルドに勤務していた方や、現在進行形で日本マクドナルドが取引先だった方もいたのですが、なんと100%の人が私の日本マクドナルド入りに反対しました。それを聞いて、私はこう思っていました。

「じゃあ、行こう」

上席執行役員マーケティング本部長（CMO、チーフ・マーケティング・オフィサー）という、会社の実質的なナンバー3としての入社でした。当時、日本マクドナルドは経営危機に陥っていました。まわりの反対を押し切ってでも、そんな状態の会社に行こうという決断にも表れている通り、私は基本的に「あまのじゃく」なのです。

まさにバブル全盛期の1990年、一橋大学を卒業した私の同級生たちの大多数は、日本で一流企業と言われていた銀行や証券、保険会社、商社に就職しました。私が選んだのは、無名の外資系メーカーでした。日本企業全盛の時代に、外資系に就職すること自体が珍しかっただけではなく、当時はほとんど知名度がなかったP&Gに行くという選択は、周囲からは驚かれました。

その後、外資系コンサルティング会社を経て、ドイツに本社を持つ多国籍企業、ヘンケルのビューティーケア事業の日本の子会社に行った時も、その会社は瀕死の状態でした。おまけに、収入はコンサル時代から大幅にダウンしました。

そして日本のヘンケルのビューティーケア事業を再生させ、社長、会長、北東・東南アジア責任者を務めた後、日本企業で働いてみたいと、アパレルのワールドの海外事業本部長に転身しました。ワールドは当時、上場を廃止した後も、赤字に苦しんでいました。もとより、どうして社長や会長を経験しながら、格下の役職である事業部門の責任者として行くのか、と周囲からは驚かれましたが、私はなんとも思っていませんでした。

やがてワールドで自分の役割を終え、日本マクドナルドに転身した時も、またしても収入が下がることになりました。

たしかに、当時、業績的に厳しい状態に陥っていた日本マクドナルドに、収入が下がってまで行こうとする人は、なかなかいなかったかもしれません。

前年の2014年、品質問題に関する報道が広がり、日本マクドナルドに社会から厳しい目が向けられました。追い打ちをかけるように、2015年初頭、異物混入の報道が世の中に衝撃を与えます。

10年でマーケティング部長が9人も替わっていた

2度の炎上で、日本マクドナルドの企業イメージは地に落ちていました。2015年1月の売上は、前年比約4割ダウン。とんでもない状況になってしまったのです。

全国に約3000店舗、総従業員数は12万人。そして最盛期に年間5400億円規模の売上高を誇った日本マクドナルドは、2015年には売上が4000億円を切るまでに落ち込んでいました。それが、私が日本マクドナルドに入った頃の状況でした。

しかも、**私が務めることになっていたマーケティング本部長は、入れ替わりが激しいポジションで、私は過去10年で9人目でした**。これも、日本マクドナルドのOBたちが、「(日本マクドナルドのマーケティング本部長は)やめたほうがいい」と強く言っていた要因でした。実際、普通の会社のマーケティング責任者と比較して、日本マクドナルドのマーケティング責任者の仕事の難易度がとてつもなく高いということは、すぐに理解しました。私がそのように考えた理由は3つあります。

まず1つ目は、日本マクドナルドのマーケティング部門には、圧倒的な仕事量があることです。一般的な会社、例えば消費財メーカーなどでは、大々的な新製品の発表やキャンペーンが行われるのは、せいぜい(春と秋の流通の棚替えのタイミングに合わせた)半年に1回くらいでしょう。マーケティング部門は、この半年に一度の新製品やキャンペーンに向けて準備をすればいいのです。

しかし、日本マクドナルドは、毎月3つ、4つ、多い時には5つか6つという数の新製品やキャンペーンがあります。次々に新しいキャンペーンが押し寄せてくるので、圧倒的な仕事量をこなさなくてはいけないのです。

2つ目は、日本マクドナルドはいわゆる外資系でも日系でもなく、両方の要素が混在している組織であることです。グローバル企業であるマクドナルドの本社はアメリカですし、日本のトップマネジメントにも外国人が多いので、当然のことながら外国人とのコミュニケーションを推し進めなければいけません。

しかし、実際の現場は日本であり、フランチャイズも含めたスタッフは日本人であり、お客様も日本人です。つまり、グローバルとローカルの両方のコミュニケーションを実践し、いわゆるデュアルカルチャーを、率いていかなければいけないのです。

さらに3つ目は、とにかく規模が大きいことです。全国に約3000の店舗があり、毎日200~300万人のお客様がいらっしゃるので、何かアクションを起こした時の露出や影響が大きいのです。これは言葉を換えれば、とても目立っている、つまりは何かあるとすぐメディアやインターネットの格好の餌食になる、ということでもあります。

しかも、このマーケティング本部長が、難易度が高い仕事とはいえ、10年で9人も替わっていたのです。当時のマーケティング本部のメンバーが、どんなふうに感じていたか、大いに想像がつきます。

「この人は、いつまでいるんだろう」
「どうせまたすぐ、替わるんだろうな」

基本的な信頼がないので、マーケティング本部のメンバーは、すぐには新しい本部長についてきてはくれません。当然ですが、これでは、満足な結果を出すことはできません。マーケティング本部長は、全社の売上と客数という、とてつもなく大きな責任を負っているにもかかわらず、です。

これは私の推測ですが、こうしてどんどんネガティブなスパイラルが広がり、過去のマーケティング本部長は、替わらざるを得なかったのだと思います。

それだけ難しい仕事である上に、経営危機ともいえる状況が重なっていたのです。実際、インターネットで「マクドナルド」や「マック」と検索すると、罵詈雑言の嵐でした。しかも、日本マクドナルドには、「マクドナルド」というたったひとつのブランドしかありません。周囲が私のマクドナルド入りに反対するのは、当然だったと思います。

なぜ日本マクドナルドを再建できたのか

おまけに私は、マクドナルドのカルチャーには合わない人物でした。見た目も派手でしたし、まわりに遠慮しないでズケズケとモノを言う性格です。

マクドナルドの本社はアメリカのミッドウエスト(中西部)、シカゴにあります。日本マクドナルドも、このミッドウエストの保守的なカルチャーを持つ会社です。実際、私の入社当時、社員の多くはきちんとジャケットを着て出社していました。社風は極めて誠実で、真面目。もちろんこの誠実さと真面目さが、マクドナルドがグローバルで成功を続けている要因でもあるのですが、何か大きな改革を起こすには何かが足りない。

実は、私は入社時の面接で、人事部長や社長室長にNGを出されています。それでも下平篤雄副社長（COO、最高執行責任者）に推して頂いて私の入社が決まったと、入社後に聞きました。そして入社後、サラ・カサノバ社長からは、こう言われたのでした。

「マーケティング本部の、そしてこの会社のカルチャーを変えてほしい」

極めて厳しい経営環境。地に落ちたブランドイメージ。大変で責任の重い仕事。フィットしないカルチャー……。たしかに、マクドナルドをよく知る方々ほど、私の日本マクドナルド入りに反対したのは、当然だったかもしれません。ただ、私はこれまでも（もちろん日本マクドナルドほどの規模はありませんが）再建案件を手がけてきたこともあり、やれないことはない、なんとかなる、と思っていました。むしろ、もしこの状況から再建することができたら、さぞや痛快だろうと、ワクワクしていました。

後に、「足立さんは、これ以上は業績が下がらないという、いいタイミングでマクドナルドに入ったね」などと言われたこともありますが、実際には当時、さらに業績が悪化する可能性も十分ありました。それまで5年連続で業績が悪化している会社の業績が、今から回復するかどうかなんて、わかるはずもありません。後からは、なんとでも言えるのです。

私は初日、迷彩柄のパンツにTシャツ、といういでたちで出社しました。新しいマーケティング本部長の姿は、社内ではかなりの衝撃をもって受け止められたようです。そして、着々と、打つべき手を打っていきました。

もちろん私の運が良かったのもありますし、マクドナルドの再建は全社一丸となって取り組んだ結果であり、マーケティングがすべてではありませんが、私の入社3カ月目の2015年12月、実に久しぶりに売上高が前年比プラスに転じた後は、**私が退職する2018年の6月まで、31カ月連続で、前年超えの実績を作ることができました**。

「名前募集バーガー」など消費者参加型キャンペーンは数百万の御応募を頂きました。横綱・白鵬関を広告キャラクターとして採用するなど大胆なプロモーションを行った「グランドビッグマック」や、続いた「クラブハウスバーガー」などは売切れ店が続出しました。ポケモンGOのサービス開始時には、世界で唯一の（もちろん日本でも唯一の）オフィシャル・パートナーになりました。「マックシェイク森永ミルクキャラメル」など、あっと驚くようなコラボをした商品が大きな話題になりました。「マックの裏メニュー」「怪盗ナゲッツ」「第1回マクドナルド総選挙」などの企画で、たくさんの方に楽しんで頂くことができました。

２０１５年10月の入社から2年が経過した２０１７年12月期には、日本マクドナルドの全店売上高は前期比12％増の４９０１億円となり、純利益は前期の４・５倍の２４０億円と6年ぶりに過去最高を更新しました。もう完全復活を遂げたと言っていいと思います。

日本マクドナルドがどんどん元気を取り戻していく中、いったいどうやってあの状況から再建を実現させたのか、問われる機会が増えていきました。２０１８年夏、危機を乗り越え、Ｖ字回復を遂げた日本マクドナルドを去ったのを機に、それをしたためるべく、機会を頂いたのが本書です。

ただ、日本マクドナルドの再建を語るには、私自身のそれまでの経験も語らなければなりません。私のこれまでのすべての経験が、日本マクドナルドでの決断や行動につながっているからです。

私が何をしてきたのか。どんな意識を持ち、どんな判断をしてきたのか。そして日本マクドナルドをどう変えていったのかを、Ｐ＆Ｇ、外資系コンサルティング会社、ヘンケル、ワールドでの経験とともに、詳しく語っていきたいと思います。

マクドナルド、P&G、ヘンケルで学んだ圧倒的な成果を生み出す「劇薬」の仕事術

目次

はじめに i

第1章
「すべての「選択」は自分が決めている」
——P&Gで学んだ「世界の当たり前」

第2章
「修羅場」が一番、人を成長させる
——外資系コンサルで学んだ「成長の極意」

第3章

「人の倍の速度で「成長」する
――ヘンケルで学んだ「勝負の勘所」」

第4章

「マネジメントには「意志」がいる

――ワールドで学んだ「意思決定と戦略」」

第5章

どんな状況でも、やりようはある

——日本マクドナルドで学んだ「逆境」を乗り越える仕事術

第１章

すべての「選択」は自分が決めている

P&Gで学んだ「世界の当たり前」

1

自分で考えて自分で決める

「人と同じことをしない」

これまで生きてきて、自分の原則として貫いてきたことがあります。**それは「人と同じことをしない」ということです。**結果的に、私と同じことをする人はいるのかもしれませんが、選択の基準を「人と同じ」とか「一般的」には絶対置かずに、まずは自分が何をするか・したいかを決めるのです。いつも、差別化することを考える、ということでもあります。仕事であっても、生き方であっても、です。

このような考え方になったのは、親の教えだと思っています。私は子どもの頃から親に「勉強しろ」と言われたことがありませんでした。父親は大学教授でしたが、「どこの大学に行け」とも言われませんでした。ただ、高い偏差値の大学に行くと、人生の選択肢が増える、ということだけは繰り返し言われていました。

父親の口癖は、「何がしたいのか。だからどうするのか。自分で考えろ」でした。おかげで、自分のことは自分で考え、実行するようになっていきました。責任を取るのは、あくまで自分です。自分で考えて選んだわけですから、その結果に対して親も先生も非難はできません。おかげで、かなり「冷めた」子どもでした。

それこそ同世代の方ならピンと来ると思いますが、憧れたアニメのキャラクターは、「機動戦士ガンダム」の「ランバ・ラル」、「宇宙戦艦ヤマト」の「デスラー総統」、「ルパン三世」、「キャプテン・ハーロック」、そして宇宙海賊の「コブラ」でした。ほぼみんな、自分の信念に殉ずることができるか、どこにも属さず自分の生き方を貫くキャラクターたちです。ここから、私の性格がわかると思います。

小学校や中学校の同級生たちに会うと、「今の時代だったら、足立は間違いなくハッカーになってたね」と言われます。「それなりに勉強ができて、オタクで、熱中する傾向があったから」だそうです。

中学時代は、どうせ勉強は塾でするし、都立高校には行かないので内申書の高得点なんていらない、と白紙でテストを提出して、職員室に呼び出しをくらったりしていました。

高校時代は、第1志望だった学校の受験に必要だった世界史は、学校の授業を受けても点数は上がらないと判断して、独学で勉強しました。実際に高校の授業でとったのは、受験にまったく関係ない日本史です。先生の話が面白かったから、という理由でした。

学校に行くふりをして、実際には授業にはあまり行かず、受験に必要だと思う勉強を、学校のそばにあった喫茶店やマクドナルドでしていたのが、高校時代でした。

卒業後、高校の後輩に対して、大学受験で成功するポイントについて話してくれ、と学校に頼まれたことがあったのですが、「学校に頼らず、自分で考えなさい」という内容の講義を後輩の高校生にしたら、先生に大目玉をくらいました。

この、親からの「自分で考えて、自分で決める」という教えは、その後の自分に大きな影響を与えていくことになります。

問われたら「3つある、と答えろ」

行きたかった大学は、学生の9割が留学するこぢんまりとした学校でした。国際的で有名で、英語ができるようになるというのが魅力でした。父親の専攻が英米文学史で、子どもの頃から家に父親の教え子の留学生たちがホームパーティーなどでやってきていたことが、国際的なものへの憧れにつながっていったのだと思います。

小学校の時には、すでに「日本と世界をつなぐ仕事がしたい」と先生に言っていたと、後に同窓会で小学校時代の先生から聞きました。ただ、残念ながら私が第1志望としていたこの国際的な大学は、私立大学でした。

大学の先生といっても、家庭はまったく裕福ではなかったこともあり、結局、合格したにもかかわらず、私の第一志望の私立大学への進学は許されませんでした。そして、実はあんまり行くつもりはなかった一橋大学に進学することが決まりました。

入学は1986年という、まさにバブル時代です。大学ではテニスサークルに入ってテニスやスキーをしたりしましたが、それとは別に、他大学の友達と、いろんな企画を立てたり、ディスコパーティーをするイベント屋もやっていました。もともと冷めていたので、流行に踊らされたりするのは大嫌いでした。ディスコパーティーを主催していたにもかかわらず、自分はまったく踊ったりせず、裏方に徹していました。「なんで踊らないの？」と聞かれると、「自分は人を踊らすのは好きだけど、自分が踊らされるのは好きじゃない」と答えていました。今から考えると、イヤミな若者でした。

そして大学時代の経験で大きかったのが、竹内弘高教授のゼミに入ったことです。今では世界的に有名な経済学者になっていますが、当時も学内ではちょっとした有名人でした。竹内ゼミは人気があり、志望倍率も高かったのですが、なんとか滑り込めました。留学生もたくさんいて、国際色豊かなゼミでした。このゼミが「国際マーケティング」専攻だったことで、私は生まれて初めて「マーケティング」というものに出会うことになります。

この本を書くにあたって、改めて自分を振り返ってみたのですが、自分が竹内先生からどれほど強い影響を受けていたのかを再認識しました。とりわけゼミに入った際にもらった「30の戒律」は、後の自分の行動に大きく影響を与えていました。

「時間がない、と言うな、時間は作れ」「上に強く、下に優しくあれ（ただし、人を上下に見るな）」「苦労は買って出ろ」「会議で目を閉じるな」「プライベートなパーティー、催し

には積極的に参加せよ」「相手の目を見て話せ」など、当時、とても共感したものもあれば、後になって自分が大事にしていることに改めて気づいたものもあります。

ちなみに本書にも何回も出てきますが、「3つあります」という私の口癖は、実は学生時代からです。この「戒律」の中に、**「3つある、と答えろ」**があるのです。

2 自分を殺す会社には行かない

仕事は「まわりの人たちを幸せにする」もの

もうひとつ、大学時代で覚えているのは、言語学の田中克彦教授の授業です。衝撃を受けた言葉がありました。

「バイトが忙しいから授業に行けない、というのは論理的に間違っている。自分が授業よりバイトの優先順位を上げているだけ。すべては自分自身の選択だ」

生きていく上でのほとんどの選択は、実は自分で決めている（決めることができる）、と認識したのはおそらくこの時です。何かのせいだと思っていることでも、ほとんどのことは実は自分で決めているのです。

そして大学の最後のゼミで、竹内先生から、こんなお題が出ました。

「自分のミッションを考えよ」

これを答えないと卒業させない、と言われました。悩みましたが、自分のミッションを導き出すために自分が考えた方法論は、「自分が今まで、どんな時に幸せを感じたのかを、過去に遡って分析すること」でした。そして出た結論がこれでした。

「自分のまわりの人たちを幸せにすること」

まわりの人がとても喜んでくれたり、楽しかったと言ってもらうことこそ、私自身が最も幸せを感じた瞬間でした。これこそが、仕事に対する私の基本的な価値観です。実際、この価値観に基づいて仕事を選んできています。

大変な状況の会社にわざわざ飛び込んでいくのは、まさにこの理由です。厳しいところから建て直すことができたら、関係者みんなが幸せになります。大変であればあるほど、喜ばれます。誰かを喜ばせる以上の幸せはないと、私は思っています。

就職先は、P&Gを選びました。時は、バブル全盛期。日本企業が世界を席巻し、時価総額の上位を独占し、アメリカの不動産を買い漁っていました。日本企業が「ジャパン・アズ・ナンバーワン」と世界から恐れられ、最も元気のあった時代です。

当然のことながら、大学の同級生のほとんどが日本企業、しかも銀行や証券、保険、商社などの有名企業に行きました。しかし、私はその選択をしませんでした。人と同じことをしない、という原則は、ここでも貫かれることになりました。

マーケティングで世界一の会社に行く

P&Gを選んだ理由は3つあります。1つ目は、先にも書いたように、小学生の頃から興味を持っていたのが、世界や海外、国際的なことでした。私の頭にあったのは、(日本一ではなく) 世界一の会社に行きたい、ということでした。

2つ目は、マーケティング専攻のゼミにいたので、当時日本ではあまり知られていなかったP&Gのことも、マーケティングの世界的な優良企業として知っていたことです。1988年当時、P&Gはインターン制度をすでに日本で開始していました。日本のインターン制度の先駆けです。

私はP&Gでインターンとして春休みに2週間働かせてもらい、リアルな仕事を垣間見ることで、「これは面白そうな会社だな」と感じていました。

3つ目は、日本の会社は奔放な性格の自分には合わない、とわかったことです。竹内先生からは、「足立、お前は日本の銀行なんかに入ったら、自分を相当、変えないといけないぞ」とはっきり言われました。自分らしく生きられないような会社に行くのは、自分の人生において果たして本当に正解と言えるのか、私には疑問でした。

当時は外資系企業に就職するという選択肢がほとんどありませんでした。多くの外資系は中途採用が中心で、あまり新卒採用をしていなかったからです。おまけに私はマーケティングの仕事がしたいと考えていました。

ビジネスの基本は、人の心に影響を及ぼし、具体的に行動を変えることであり、まさにそれがマーケティングの仕事だと考えていました。当時、日本で職種別採用をしていて、マーケティングで世界一の会社となると当然、選択肢は限られました。

P&G（正式にはプロクター・アンド・ギャンブルという名前です）に就職が決まったと両親に伝えた時、母親はかなり落胆していました。

「一橋まで出て、ギャンブルの会社に行くのか……」

いやいや、P&Gはギャンブルの会社じゃなくて、洗剤とか紙おむつとかを扱っているんだよと返すと、もっと落ち込んでいました。

母親は、私が普通に銀行などに就職すると思っていたようです。実際、「第一勧業銀行に行ってほしい」と社名まで出されていました。しかし、私は採用面接を受けもしませんでした。大学進学で妥協したので、就職では妥協しない、と決めていたのです。

結果的に、日本企業全盛の当時、誰も知らない外資系メーカーのＰ＆Ｇに行くという選択は大正解だったと思っています。実は母親も、今では「正解だった」と言ってくれています。就職してから25年近く経ってからですが、

「やっぱり銀行に行ったほうが良かったかな？」

と聞いたら、はっきり首を横に振りました。日本の銀行員の厳しい現実を、母親なりに理解していたようです。

3 無茶な目標を設定しないと革新は起きない

「無名のベンチャー」に集まったユニークな人たち

1990年4月、私はP&Gに入社しました。マーケティングで世界一の会社とはいえ、**当時のP&Gの日本法人はまだ赤字を脱出したばかりの、小さな会社でした。**

それだけに、集まってきていたのは、変わった人たちばかりでした。どこの日本の大手企業にも就職できたバブル全盛期に、わざわざ無名で給与も低い外資系メーカーに入ってきた人たちだったのです。それは、私も含めて、でしたが。

実際、私のように学生時代にイベント屋をやっていた同期もいました。司法試験に受かっていたり、野球のドラフトで指名されたにもかかわらず、それらを蹴ってP&Gに来た先輩たちもいました。ユニークで個性的で、変わった人が多かったと思います。

逆に言えば、当時のP&Gには、変わった人しか来てくれなかったのかもしれません。普通に成績が良くて頭のいい人たちには、日本の有名な一流企業に行くという安定した道がありました。一方で、大手企業にはなんとなく合わないと思っている人たちには、実はそれほど選択肢がありませんでした。今の時代に、そんな学生がベンチャーに集まる感覚かもしれません。

結果的にP&Gには8年在籍することになりますが、振り返るとP&Gを選んで良かった理由は3つあります。

ひとつは、働き方や仕事に対する考え方について、どの国でも、時間が経っても通じるような「基本」を学べたことです。これについては、この後詳しく解説していきますが、最初に叩き込まれた基本の働き方や考え方は、その後の私の言動に大きな影響を及ぼすことになります。もちろん、P&Gの働き方や考え方が仕事のすべてだとは思いませんが、就職してから30年近く経った今こそ、改めて、基本中の基本だったと再認識しています。

2つ目は、いろんな個性的な方々に出会えて、ネットワークが築けたことです。これは、今となってはとても貴重な財産です。

実は私は、P&Gの「OB会」の幹事を20年やっています。フェイスブックの「元P&G」グループに名を連ねている660人の方々の多くは、いろんな会社の要職に就かれたりして活躍されています。

こうしたネットワークは、簡単に手に入るものではありません。このメンバーには、常日頃から、いろんなアドバイスを頂いたり、人やお仕事のご紹介を頂いたりと、いろいろな形で助けて頂いています。

そして3つ目は、仕事というよりは、生きていく上での考え方について、いろんな気づきを得たことです。

例えば**「主体的である」「終わりを思い描いてから始める」「最優先事項を優先する」「ウインウインを考える」「理解することから始める」「シナジーを創り出す」「自分を磨く」**という、有名な「7つの習慣」を教わったことも、そのひとつです。改めて、すべての選択は自分ですること、その責任は自分にあることを再認識することになりました。

「目的」と「目標」は違うことを知っておく

仕事に対する考え方の「基本」として、**「OGSM」**というフレームワークがあります。「Objective（目的）」「Goal（ゴール）」「Strategy（戦略）」「Measurements（評価）」の頭文字を取った言葉です。

すべてのビジネスは、目的から始まります。P&Gで叩き込まれたのは、**あらゆる仕事**

で、「その目的は何か」を問われることでした。だから、プロジェクトでも会議でも、常に目的から話し始めることが求められます。

それこそ私は、自分が企画する旅行でも「ブリーフ（達成したいものを記したシート）」を作ったのを覚えています。どんな目的で旅行をするのか、最低限達成したいことは何か、検討項目・制約事項は何か、なども書き物にして確認するのです。

プライベートな飲み会でもそうです。誰々と食事をするとなれば、そこにどんな目的があるか、定めなければ意味がありません。合コンをするのであっても、目的は定めたほうがいいと思います。楽しく騒ぎたいだけなのか、彼女候補が欲しいのか。

とりわけビジネスで注意しなければならないのは、目的が目標にすり替わってしまうことがあることです。例えば、目標が「売上を前年比5％アップにする」「利益を前年比10％アップさせる」だったとします。これを目指すのは、まったく問題がありません。

しかし、こうした売上や利益は、あくまで目標であって、目的ではないのです。目的は、お客様にどんな価値を提供するのか、ということだからです。

ここで目標と目的とをはき違えてしまうと、売上を上げるために、お客様に提供する価値を下げてしまう、などということが起こり得ます。実際、多くの企業でこういうことが現実に起きているのではないでしょうか。

逆に、お客様へ十分な価値を提供できていれば、売上や利益はついていくはずなのです。大切なことは提供価値です。**だから、目的を考え続けることこそが、ビジネスで正しい選択ができる基本なのです。**

実は日本マクドナルドに入ると決まった時、真っ先に考えたのが、「日本マクドナルドの提供価値は何か」でした。後に詳しく解説しますが、業績が落ちている時代、日本マクドナルドが提供しようとしていた価値が、マクドナルドが本来提供すべき価値から少し外れている、または偏っているのではないか、という仮説を立てることになります。

そして目標を考える時も、注意する必要があります。3％アップを狙うのと、10％アップを狙うのとでは、やることがまったく変わってくるからです。

この時代に2ケタ成長など極めて厳しいわけですが、外資系企業ではよく10％アップなどという目標設定がされます。これには理由があって、**3％アップでは現状の延長線上の施策しか考えないからです。**

ところが10％、15％アップしないといけないということになると、現状の延長線上では達成できないので、まったく新しいことを考えなくてはならなくなります。**イノベーションを起こせるか起こせないかは、実は目標設定自体にもポイントがあるのです。**

もちろん、商品や状況にもよりますが、若干無茶な、つまり現状の延長線上では絶対に達成できないような目標を立てれば、みんなが新しいことを考え出すようになるのです。

それをＰ＆Ｇは教えてくれたのでした。

4

人は論理ではなく、感情で動く

厳しい状況も、学びを次に活かしていく

P&Gのマーケティング部門に入社後、まずはヘアケアの「ヘッド&ショルダー」を担当しました。その後、同じくヘアケアの「リジョイ」へ、そして、子ども用紙おむつの「パンパース」に異動します。

入社4年目が終わった時点でマネージャーになり、大人用紙おむつの「アテント」を担当しました。その後、新規事業開発グループの初代マーケティングメンバーとなり、最後は韓国でヘアケア「パンテーン」のマネージャーを務めました。

入社4年、26歳0カ月でのマネージャー昇進は、当時、日本のマーケティング部門では、最短記録でした。平社員から2年で1つ昇進、そしてまた2年で1つ昇進したのですが、このスピードは、日本の大企業ではありえないスピードかもしれません。

もちろん、昇進するには、それに値するだけの成長が求められます。ただ、**自分が成長できれば、それ相応の機会は与えられる**、ということでもあります。このことを意識できるようになると、自分の成長が大きなモチベーションになります。私の場合は、配属されたブランドのビジネスの状況は決して恵まれたものとは言えませんでしたが、そこで学んだことを確実に次に活かしていた点を評価して頂いたようです。

最初に配属された「ヘッド&ショルダー」は、テストマーケットを成功させて全国展開を狙うはずだったのですが、私が入社した時にはテストマーケットに失敗して、在庫の山となっていました。マーケティングというより、在庫処理の仕事をしていた記憶しかありません。ただ、どうしてうまくいかなかったのか、多くを学ぶことができました。

例えば、「ヘッド&ショルダー」の場合、シャンプーとコンディショナーは、それぞれ髪の質に合わせての2つのバージョン、そして大中小の3サイズ、合計で12のSKU（アイテム数）がありました。広大な土地があり、小売店舗の規模が大きく、P&Gの影響力も強いアメリカなら、幅広いアイテムがあることは、幅広いニーズに応えられることを意味しますし、ほぼすべてのアイテムが小売りの店頭に並びます。

しかし、日本では違います。店舗が狭く、P&Gの影響力も弱かった日本では、12SKUなんてとても棚に置いてもらえないのです。これだけ多くのアイテム数を発売すること自体、小売りという相手の立場に立っていなかったわけです。

これを学んでいたので、次に担当した「リジョイ」では、発売当初に髪質や仕上がりに合わせて4つあったバージョンを2つに減らしました。消費者のことだけではなく、小売りに置いてもらうにはどうすればいいのか、という発想もしたからです。もちろん、当時の私はただのアシスタント(平社員)ですから、その決定をしたわけではありませんが、そのような考え方を、次々と学んで実践していくことができました。

「パンパース」を担当していた時は、競合メーカーがパンツ型の紙おむつという新製品を出してきて、攻勢にさらされました。当時のP&Gには同等レベルのパンツ型紙おむつを作る技術はなく、防戦一方でした。正直、勝った記憶はひとつもありません。

むしろ、負けるとわかっている戦いに出て行く厳しさや、非効率を知りました。**こうすれば勝てるのではないか、という仮説があって戦わなければ、どんどん疲弊してしまうのです。**ただ、製品は短期的には変えられなかったし、どうにもなりませんでした。

だから「アテント」でマネージャーを務めた時は、守りだけではなく、攻めに転じました。ここでも競合からパンツ型紙おむつの攻勢にさらされるのですが、知名度や信頼が高いブランド力を活かして、尿取りパッドなど、いわゆる周辺商品をどんどん出していってシェアを維持するという方向性を打ち出しました。

すべきこと、だけではなく、できること、も考えていく。これは後にも活きていく経験でした。

「人は〝やりたいこと〟か〝やらなければならないこと〟しかやらない」

もうひとつ、P&Gのマーケティングの仕事を通じて、早い段階で得た学びがあります。

それは、**人は論理ではなく感情で動く**、ということです。

大学を出たばかりで生意気だった私は、痛い思いをしてこの教訓を学ぶことになります。学生の時は自分の好きな人とだけ付き合っていれば良かったし、後輩は言うことを聞いてくれました。しかし、社会に出れば、私はただの平社員に過ぎませんでした。

忙しい中で、マーケティング担当として何の実績もない1年目の私など、誰も相手にしてくれません。ようやく口をきいてもらったと思ったら、

「そんな上からの命令目線では誰もやらないよ」

「もうちょっと納得させてくれないと」

もちろん、動いてもらうための論理は必要です。論理があるのは大前提です。そうでなければ、動く理由が見つからないからです。

実際、先輩たちは極めて優秀でした。論理が緩かったりすると、容赦なく厳しい指摘が飛んできました。例えば、小売店の店頭で目立つように、パッケージにステッカーを貼りたい、と相談したとします。するとすぐに飛んでくるのは、

「それでいくら売上が伸びるの？」

論理を用意していないと、グッと詰まることになります。「ステッカーを貼るだけで、1・1倍売れます」とはなかなか言えません。でも、それでは通用しないのです。

すべてに「ROI（投資対効果）」が問われるのです。費用がかかったら、それを回収できるくらい売上が伸びないと、費用をかける意味がない。ステッカーを貼ることにかかる費用と、ステッカーを貼ったことで伸びた売上から残る利益の額が同じなら、ステッカーを貼る意味はないわけです。こんなことを、徹底的に教えこまれました。

だから、「これをやりたい」「いくらかかるけど、このくらい売上と利益が見込める」という論理が必要になります。そうしなければ、組織は動かないのです。売上と利益がこれだけ上がるということを説得できなかったら、誰にも動いてもらえないのです。

日本マクドナルドも含めて、後につながる大きな学びになったのは、マーケティングという仕事は、みんなの中心にいるようで、実は自分では何もできない、ということです。製造部門がないと物も作れないし、ロジスティック部門がないと製品を店舗に届けられないし、販売部門がないと売ることもできないのです。他の部署のいろんな人に動いてもらって、ようやく先に進む仕事なのです。

となれば、動いてもらう論理が必要です。**しかし、論理だけでは人は動かないのです。**論理の弱い人は、最初からまったく相手にされませんが、たとえ論理があったとしても、20代前半の平社員の話になど、そうそう簡単に猛者《もさ》たちは耳を傾けてくれないのです。

ここで必要になるのが、論理だけではなく、感情の要素を加えていくことです。「こいつのためなら、やってやろうか」「そこまで言うなら、頑張ってみるか」と思ってもらえるかどうかが大切なのです。

P&G時代に、面白いことを言う同期（現スマートニュース執行役員の西口一希さん）がいました。

「人は〝やりたいこと〟か〝やらなければならないこと〟しかやらない」

その通りだと思いました。となれば、この２つにいかに持っていけるか。**仕事で結果を出すには、論理と感情を駆使する必要がある、ということなのです。**

5 相手の効率性を最大にできる働き方をする

「ワンページメモ」で相手を気遣う

もうひとつ、**P&Gで学んだのが、時間ではなく成果を追求すること**です。働くこと＝時間だったのは、労働時間と成果が正比例する、いわゆるブルーカラーの時代です。今は、やり方次第で同じ時間をかけても成果が何倍にもなるかもしれない、ホワイトカラーの時代である、ということを強く認識させられました。

ただ、これは自分だけの話ではない、というのがP&Gで学んだとても大事なポイントです。もちろん自分自身も時間ではなく成果を追求する姿勢が重要ですが、上司でも同僚でも取引先でも、一緒に仕事をする相手の効率性を最大にできるような働き方をしなければいけない、ということです。

例えば、**「ワンページメモ」**。これは、何か書類を作る時には、できるだけ1ページにまとめるというものです。最初に、メモの「目的（Objective）」を書きます。情報を共有したいだけなのか、決断してほしいのか、意見を求めているのか。

次にバックグラウンド「背景（Background）」を書きます。どういう背景で、このメモが作られているのか。さらに、自分はこうしたい、という「結論（Conclusion）」を書き、最後にその「理由（RationaleまたはFindings）」を書くのです。

紙の書類なら1枚ですが、これはメールも同じです。**まずは「目的」があって「背景」があって「結論」があって、最後の最後に「理由」が書かれます。**しかも、それぞれを数行で簡潔にまとめるのです。

このように書いておけば、「目的」から「結論」までの、最初の数行を読めば、このメールが何を言いたいのか、自分に何のアクションが期待されているかが瞬時に理解できるわけです。「結論」に合意した場合には、そのあとに書かれている「理由」は読み飛ばすこともできます。

「ワンページメモ」は、相手のことを考え、相手がいかに早く理解し、決断できるか、ということを考えた書類づくりなのです。読む人が、いかに時間をかけずに読み、理解でき、アクションを起こせるかを考えながら書くのです。

P&Gでは、書類やメールに限らず、この考え方があらゆる仕事に浸透していました。会議もそうです。**まずは「目的」を述べます。それは、できるだけ会議を短くしたいからです。**目的を逸脱したり、議論があちこちに飛んでしまわないようにするわけです。

自分が会議を主催する時には、事前に「目的」と簡単な「背景」、それに自分はこうしたいという「結論」をメールで送っておきました。そうすると、参加者が会議に来る段階ですでに、私の「結論（提案）」に賛成か反対か、各自のポジションが決まっているので、賛成か反対かの理由について討議すればいいのです。その場に集まってから、会議の内容を共有して、ああだ、こうだ、と考えるよりも、はるかに効率的です。

いろんな人が参加しますから、参加者がその会議に使う時間をいかに最小化するか、ということを常に考えます。できるだけ早く、自分の職場に戻してあげよう、というような効率性への配慮が求められます。

そうすることで、**自分だけではなく、まわりも含めて全体として効率を追求できるのです。**時間ではなく成果を追求できるのは、自分だけではなく会社全体で努力をしているから、というわけです。この考え方は、素晴らしいと思いました。

だから、多くの会社で当たり前のようにメールにつけられている「CC」についても、当時から「何でもかんでも、CCするな」とはっきり言われていました。どうでもいいことをCCすると、各自が受け取るメールが膨大な量になってしまいます。メールは、本当に必要な人だけに送ればいいのです。

私は今も、基本的にCCはしません。自分がCCで入っているメールは読まない、ともまわりに言っています。最も困るのは、「ありがとう」といったようなメールを全員にCCで返す人がいることです。たいした用件でもないのに、CCされたりして、メールが増えていくことは本当に腹立たしいことです。そういうメールを送ること自体、送る相手のことを考えていない、と思われても仕方がありません。本気で相手のことを考えていたら、その人に必要なメールしか送りません。

会議も書類もメールも、目的、簡単な背景、そして結論。最初だけ、読んだり聞いたりすれば理解できるようにするのが、基本です。どうしても長くなりがちな理由は、最後にするのです。常に、不必要なメールを送らないことも含め、相手の仕事の効率を考えることが大切だと思います。

ワーク・ライフ・バランスという言葉への違和感

今は時間ではなく、成果を追求することがだんだん当たり前になってきていますが、当然のことだと思います。

残業というシステムは、会社運営から見ると、大きな欠陥だらけだからです。効率のいい人が1日で終わる仕事を、効率の悪い人が残業して1日半かけてやると、効率の悪い人のほうが残業代が出て、効率のいい人よりもらう給与が多いわけです。こんな謎なシステムはありません。

P&Gでは、時間に縛られることもありませんでした。きちんと仕事さえして、人に迷惑をかけていなければ、席を外していても何も言われませんでしたし、新入社員でも2週間とかの長期休暇を取るのは普通のことでした。

会社は当時、神戸の六甲アイランドにあったのですが、近くに大きなゲームセンターがありました。**私は流行っていたゲームにハマっていて、ときどき昼休みを2時間くらい取って、そこで小学生たちと対戦したりしていました。**

お昼の息抜きにはちょっと長かったかもしれませんが、上司に咎められることはありませんでした。それどころか、まだ携帯が普及していなかった時代だったこともあり、一度、ゲームセンターの館内放送で呼び出しをされたことがありました。

「お客様の足立様、足立様、お電話が入っております」

当時の上司が、私がゲームセンターにいることを知っていて、呼び出したのでした。しかし、ゲームセンターにいることが問題なのではなく、席にいないことで他部署とのコミュニケーションが滞るなど、きちんとした成果を出せなくなることが問題なのです。むしろ、長時間働いてきちんとした成果を出せないほうが咎められました。

成果さえきちんと出していれば、あとは自由。自分で自分の時間を管理すればいい。P&Gでのこの考え方は、その後、私の根本を流れる思想になります。

みんなが9時から17時まで働かなければいけない理由はありません。やりたい時間に仕事をして、成果を出せばいいのです。もちろん、オフィスにいることがまわりとのコミュニケーションや効率化につながるなら、オフィスにいたほうがいいのですが、そうでないなら、そもそもオフィスにいる必要はありません。

だから、私は実は「ワーク・ライフ・バランス」という言葉には違和感を抱いています。ライフは良いもので、ワークは悪いもの、というイメージを感じてしまうからです。そもそもワークが楽しくなかったら、人生は楽しくなりません。1日の大部分を、ワークで過ごすわけですから。

分ける意味もないし、分けようとする気持ちもわかりません。両方ハッピーにすればいいだけのことです。そのために時間をどう使うのかは、会社ではなく、自分自身が選択することなのです。

6 下を育てることこそ、最も重要な仕事

部下やチームを育てられない人は、評価されない

組織で仕事をする上で最も重要なことは何かということも、P&Gで学んだことです。それは、部下を育てることであり、組織を作ることです。

どんなに完璧な仕事をして、優秀な成績を挙げたり、大きな成果を出したとしても、部下やチームを育てられない人は、P&Gでは評価されませんでした。

仕事の成果は50点。残り50点は、下を育てないと獲得できません。自分の下から優秀な人がどんどん輩出され、昇進して、社内のほかの仕事に就いていくようでなければ、優秀なマネージャー（管理職）とは認められないと言われていましたし、実際にマネージャーに対してはそのような評価が行われていました。

これは、極めて正しいと思いました。優れた部下を育てることで、組織が成長し、会社は継続的に成長していけるわけです。

実は部下を育てていくことで、自分自身の成果も上がっていきます。1人で戦っていても、成果には限界があります。1人よりも、2人のほうが大きな成果につながります。それが3人になり、4人になれば、もっと可能性は大きくなります。

スポーツでも同じです。1人のスーパースターがいるチームが強いわけではありません。確実な力量の選手が何人もいるほうが、チームとしては安定した強さを維持できます。

実際、仕事は1人でするわけではなく、チームでするのです。であれば、メンバーひとりひとりの力量が高いほうが、チームとして成果を出しやすいのは当然です。

こうしたチームづくりを永続的に行っていくには、優れた人材を育て続けなければいけないのです。だから、**人を作ることが仕事の半分だ**、と上司からよく言われていました。マネージャーになった後は、自分でもその意識を持っていましたし、部下にもそう伝えていました。

成長するためのトレーニングには、会社の公式なトレーニングなどもありましたが、誰かが自発的に作るトレーニング（というか勉強会）もよくありました。私は、ランチを持って集まって、最近のＴＶＣＭを見ながら、良いか・悪いかをディスカッションする集まりを、よくやっていました。

自分が思わず商品を買ってしまった、自分自身が心を動かされた、というTVCMを持ち寄って、いろんな分析をしていくのです。それを共有して、お互いに教え合い、高め合う、というわけです。

外資系だと、個人主義でギスギスしているのではないか、などと言う人もいますが、まったく違っていました。むしろ、チーム主義が浸透していました。部下が育っていないと、評価は得られないのです。どんなに個人で成果を挙げても、です。

このカルチャーが、とてもいい雰囲気を作っていました。

「人」ではなく「意見」を大切にする

同じように、**例えば何かの意見を求める時にも、ポジションが下の、経験の浅いメンバーから発言するという決まりでした。**世の中には、上のポジションの人が真っ先に発言をしたり、そもそも下のポジションの人は会議で発言しない、という会社もありますが、まったくの逆でした。

上のポジションのメンバーが先に発言したりすると、下のポジションのメンバーは、特に見解が違っている場合には、自分の意見を言いにくくなるので、あえてそれをやらないのです。下のポジションのメンバーから意見を聞いていくのです。

私がこれが極めて合理的だと思ったのは、**実は一番消費者に近いのは、一番ポジションが下のメンバーだからです**。会社や商品にどっぷり染まっておらず、一番消費者データを分析していて、冷静に客観的に商品や会社、事業を見ることができるのです。

逆に一番消費者から遠いのが、一番上のポジションにいる人です。**一番消費者から離れている人の発言が最も大きくなったり、なんでも通ってしまったりするような会社は、危険だと思います**。

例えば、ＴＶＣＭを広告代理店から提案された時、その提案に対する意見は、一番下のポジションのメンバーから聞いていきます。上からではなく下から、全員の意見を聞きます。賛成か、反対か、その理由をシンプルに語ってもらいます。

言葉を換えると、「人」ではなく「意見」を大切にするということです。ポジションや権力にひもづいた「人」ではなく、「意見」そのものを重視するのです。これをやらないと、消費者からはどんどん離れてしまい、ビジネスのために正しい意見が採用されなくなる危険があります。

そもそも下の人ほど、たくさん現場を分析しているものです。本当は正しい意見を持っているはずなのです。だから、フェアに聞かないといけません。

そうは言っても、ポジションや権力には力がありますし、下のポジションのメンバーが、上のメンバーと違う意見を言うのが怖いのは当然です。だから、「意見は平等だ」「下から意見を聞こう」と、上のポジションのメンバーがリードする必要があるのです。

当時のP&Gの新入社員の中には、遠慮してしまう人もいたようでしたが、私は誰に対しても、自分の意見をガンガン言っていました。

「それは間違っていると思います」

と上司に言い放ってしまったのは、1度や2度ではありません。「I disagree」とか「You are wrong」とつたない英語で言うわけですから、本当にストレートでした。後に、同じことを自分が言われたらカチンと来るだろうな、などと想像したのですが、当時の上司は何も言いませんでした。それどころか、そんな私を評価してくれて、チャンスを与えてくれました。当時の上司はもちろん、P&Gという会社の懐の深さを改めて実感します。

後に韓国に赴任する前、阪神淡路大震災が起きて、会社のあった神戸の街は壊滅的な状況になりました。会社にも社員にも大きな被害が出たのですが、私の家は比較的無事だったので、すぐに梅田のスカイビルに立ち上がった暫定オフィスに駆けつけて、緊急対策本部に入りました。

当時のトップは、A・G・ラフリーという、後にP&Gグローバルの社長になった人でしたが、彼の秘書が地震の影響で出社できなくなってしまったということで、私は数日間だけ彼の秘書役を務めました。

すごいと思ったのは、こんな緊急事態にも落ち着き払っていたことです。そして、会社や国と交渉して超法規的措置を推し進めていきました。

大変なリーダーシップでした。大きな学びを得ました。

7 実行したことは必ず振り返り、共有する

レビューをしないと改善し、進化できない

後に別の会社に行って、「なんで、やらないの？」と不思議に思ったことがあります。それは、**実行したことのレビュー、振り返りを徹底的に行うこと**でした。

P&Gでは、例えば何かのプロモーションを行ったとしたら、その結果について必ず振り返ります。**目的と目標は達成できたのか、どんな良い点があったか、どんな課題があったか、次に改善するとしたら何か等、そこで得た知見を共有していくわけです。**

プロモーションごとのみならず、1年間でブランド全体の目的・目標の達成度や理由、次のアクションはどうすべきか、ということもレビューしていました。こちらは、経営層とも全員でディスカッションして、共有していました。

何かをみんなで一緒に考え、企画して、実行したら、必ず振り返るのです。そしてその結果から学びを得て、こう改善して次につなげよう、と全員で共有するまでが、ワンセットなのです。

こうすることで、施策はどんどん改善されて、レベルアップしていきます。そうなれば、成功の確率も上がり、結果も改善していきます。

いわゆる「PDCA」ですが、これを当時から徹底的に回していたのが、P&Gでした。なるほど、これが、組織的に学習して成功の確率を上げていくシステムなのか、と私は感心しました。

だから後に、**ヘンケルしかり、ワールドしかり、これが十分にできていないことに驚きました。日本マクドナルドでも、レビューや振り返りの優先度は高くありませんでした。**

あまりにも忙しかったこともあり、取り組みが動きっぱなしだったわけです。そうすると、**実行されたことからの学習がまったくないし、自分が担当したプロジェクト以外の知見を得ることもできません**。これでは組織として進化できません。

だから、日本マクドナルドに入って最初に始めたことのひとつが、実行されたすべてのキャンペーンのレビューをして、改善点を理解していくことでした。その知見をマーケティング部の全員と共有すれば、マーケティング全体の取り組みレベルをアップさせていくことができます。

ヘンケルでは、振り返りどころか、基本的な情報の共有すら行われていませんでした。**大きな赤字を出していましたが、どのくらいの赤字なのか、どうして赤字なのか、社員はまったく知らされていませんでした**。

ヘンケルに行って最初に始めたのは、毎月のレビューでした。毎月の目標に対して、結果はどうで、その理由は何で、だから次はどうするのか、という内容を、当初は毎月、ある程度安定してからは四半期に一度、全社員で共有しました。

そうすることで、状況に対する理解が生まれます。次はこうしよう、というラーニングにつながりますし、これからやろうとすることにも理解が生まれます。全社員で定期的に共有することが重要でした。

P&Gでは、レビューをするとラーニングは関係部署すべてに、時には社長やゼネラル・マネージャーまで、一瞬で共有されました。当時はメールではなく紙でしたが、よくできた仕組みだと思いました。

上の人間が強制的にやらないといけない

日本マクドナルドでレビューの優先度があまり高くなかったのは、同じことは二度とやらない、が基本的な考え方だったからのようです。月見バーガーなど、例外はありますが、ほとんどのキャンペーンがその月だけのキャンペーンだったため、あまりレビューの意味がない、と思われていたのだと思います。また、業績が悪かったこともあり、目の前の仕事を進めることに精一杯で、レビューをしている余裕がなかったのかもしれません。

レビューの習慣をつけたことで、日本マクドナルドのマーケティング本部も変わりました。**実は最初は、キャンペーンの担当者が、売上目標とそれに対する結果を知らないような状況でした。**とにかく忙し過ぎたのです。しかしそれでは、ずっと忙しいままで、何の成長もありません。

売上目標に対して、どのような結果だったのか、私はレビューを求めました。何が理由だったかを分析し、マーケティング本部の全員、後には広告代理店や関連する部門も含めて、共有していきました。

このようなレビューを継続的に行っていくと、**自分がまったく関与しないキャンペーンからの知見を得ることができて、それを自分が担当するキャンペーンに活かすことができる**ので、だんだん全体が自然にレベルアップしていくようになります。

始めた当初は売上目標に対する結果だけをレビューしていましたが、ある程度慣れてきた段階で、キャンペーンから生まれた利益や、ＲＯＩ（投資対効果）についても分析するように、項目を徐々に増やしていきました。レベル感が上がっていき、**共通言語がマーケティング部門内で増えていきました**。

そうすると、担当する商品カテゴリーやキャンペーンが変わっても、同じようなレビューができますし、共通の基準・言葉を使って分析しているので、理解も早くなり、知見もあっという間に広がります。

レビューには、たしかに手間と時間がかかります。ただ、誰かがやりましょう、と言えばできることですし、やり続ければ、それが組織能力を上げ、成功の確率を上げるための素晴らしい仕組みだということに気づくと思います。ただし、それは上のポジションの人が率先しないといけません。ある程度の強制力がないと、誰もが忙しいので、わざわざレビューに時間を使い、それを他の人と共有したりしないからです。

レビューをすることで、見せたくなかったものが見えてきてしまうかもしれません。ヘンケルの場合は、赤字があまりに深刻だったからか、情報を社員と共有しないことが、それまでのポリシーになっていました。だから、会社は危機的状況にあったのに、社員の中では平和な空気が流れていました。

たとえ不都合な真実でも、知ることによって何らかのアクションが起こります。それは間違いなく改善と進化につながります。その大切さを、P&Gで学びました。

8 パートナーを「出入り業者扱い」しない

マーケティングは自分では何もできない

先にも少し触れましたが、P&Gで上司や先輩にも言われ続け、私自身も強烈に実感したのが、マーケティングは自分たちだけでは何もできない、ということでした。**マーケティングのキャンペーンの大きな部分を担うコミュニケーションや広告は、広告代理店に制作してもらうしかありません。**

しかし、普通の会社からすれば広告代理店は、いつでも交換が可能なサプライヤーのひとつ、という感覚でしょう。違う言い方をすれば、「出入り業者扱い」というところが少なくないのではないかと思います。

だから、すぐに会社に呼びつけたり、明日までになんとかしろ、というような無理難題を押しつけるわけです。ひどい場合には、麻雀がしたいからと電話で呼び出したり、接待を当たり前のように受けようとする人もいると聞いています。

ところが、P&Gではこういうことが厳しく律せられていました。広告代理店は、何もできないマーケターに代わって、コミュニケーションプランや広告を考え、制作してもらえる大切なパートナーだから、出入り業者扱いするなどというのは、とんでもないことだ、というわけです。

だから、普通の広告代理店は、クライアントと打合せの時にはクライアントのオフィスに出向くのが当たり前になっていると思いますが、P&Gではそうしませんでした。**それでは、対等なパートナーとは言えないからです。**

どうするのかというと、**打合せの半分は私たちクライアントが広告代理店に出向いて、広告代理店で会議をするのです**。会議だからと呼びつけるなんて、とんでもない。半分はこちらから伺うというのが、当たり前だったのです。

だから、日本マクドナルドで私は驚くことになります。実は入社前、いろんな方にお話を伺った、とは先に書いたことですが、日本マクドナルドの取引先である広告代理店の方々からも話を聞いていたのです。

そこで、とんでもないことが起きていたことを知りました。そもそも、マーケティングの責任者がコロコロ替わるので、方向性もコロコロ変わるわけです。なかなかキャンペーンの内容が決まらないので、広告等の制作は、通常ありえないほどの短いリードタイムで行われていました。一度決まった内容の変更も頻繁にありました。もちろん、業績が悪い中で、なんとかしようと努力していたことは理解できますが、ひどい話でした。

こういう状況が続くと、できれば日本マクドナルドとは仕事をしたくない、ということになるわけです。実際、私が聞いた話では、当時の日本マクドナルドは、最も一緒に仕事をしたくないクライアントのひとつになっていたのです。

こうなると、広告代理店の中で優秀なスタッフを担当にしてもらうことは至難の業です。数少ない優秀なスタッフを、潰されてしまったら困るからです。

こうした状況が起きる土壌が、当時の日本マクドナルドにはあったと思います。それは、大きな広告予算を持っていたからです。毎月複数のキャンペーンが走っている日本マクドナルドと取引をすれば、広告代理店としては大きな売上や利益が見込めます。

そうなると、日本マクドナルドのマーケティング担当者は、取引を継続したい、という広告代理店からチヤホヤされることになります。そして、このチヤホヤに慣れてしまい、広告代理店に接待されることについて、なんとも思わなくなるわけです。

これが過ぎると、どんどん広告代理店に対して高圧的になっていきます。そうなってもまだチヤホヤされるので、それが不自然だと気づきません。これは当時の日本マクドナルドだけでなく、多くの企業で現実に起こっていることでしょうが、恐ろしいことです。

「接待しないでほしい」と広告代理店に伝えた

私は日本マクドナルドに入社してすぐ、こうしたマインドを180度、変えようとしました。まずは会議のためにいつも日本マクドナルドのオフィスに来てもらうのではなく、半分はこちらから出向くようにしました。

また、会議の場では、必ずその場で決断するようにしました。決断の引き伸ばしは、広告代理店の仕事の効率化の妨げになると考えたからです。加えて、十分なリードタイムで仕事をしてもらえるように、早めに計画を決定し、前倒しでプロジェクトを開始するようにしました。

レビュー、振り返りの場には、キャンペーンのコミュニケーションを担っているすべての広告代理店にも入ってもらうようにしました。**彼らが実際にコミュニケーションプランを作っているので、競合の代理店が担当したキャンペーンについても、知見を共有するに越したことはありません。**このような施策により、広告代理店間の関係は、競合でありながら、仲間（運命共同体）でもある、というようにガラッと変わったと思います。

そして、日本マクドナルドで私の部下が最も恐れたのは、もしかしたら次の施策だったかもしれません。広告代理店に対して、過去1年間、日本マクドナルドのマーケティング本部のメンバーの接待に使った接待交際費を全部、詳細にわたって提出してもらったのです。マーケティング本部の誰が、いつ、どんな接待を受けたのか、をです。

日本マクドナルドでは、事前に申告することなく接待を受けることは違反でした。ところが、案の定、申告することなく接待を受けていたメンバーがいました。そこで、この事前申告ルールを今後は厳格に運用すると宣言しました。申告なしで接待を受けると違反であり、場合によっては懲罰になる、と。

ただし、広告代理店はパートナーですから、楽しい語らいの場はあってもいいし、時にはおごってもらってもいい。ただし、パートナーなので、おごられっぱなしではなく、二次会はこちらが持つなど、必ず半々にする、という原則を徹底したのです。

そして広告代理店には、「安易に、おごらないでください」とお願いしました。**おごるというのは、自分がクライアントより下だと認めていることだ、と私は説明しました。**広告代理店が自分たちのことをパートナーと言うのであれば、パートナーらしく振る舞って欲しい、と。

これらはすべて、P&Gでは当たり前にやっていたことでした。当時は、接待などというものがあることも知らなかったし、接待を受けることもありませんでした。若い頃から、こうした倫理観は強く植え付けられていたわけです。

日本マクドナルドと広告代理店との関係性は大きく変わりました。後で聞いてみると、日本マクドナルドは、嫌なクライアントから、一緒に働きたいクライアントに3年で大きく変わりました。

それとともに、どんどん新しい優秀なクリエイティブが参画してくれるようになり、クリエイティブの中身も目に見えて良くなっていきました。日本マクドナルドは、広告代理店のメンバーが楽しく仕事ができるクライアントになったのです。

私が辞める間際には、ボランティアでもいいから日本マクドナルドの仕事がしたい、とまで言うクリエイティブもいたと聞きました。ありがたいことでした。

もともとマクドナルドには、「スリー・レッグス・スツール（3本足の椅子）」という素晴らしい考え方があります。マクドナルドと、取引先と、フランチャイズの三者のいい関係があってこそ、ビジネスが成り立つ、という意味です。3本足なので、1本が欠けても倒れてしまうので、**全員が等しく重要**、という理念を表現しています。

広告代理店は、間違いなく日本マクドナルドにとって、とても重要な取引先のひとつです。ここで説明している広告代理店との関係改善は、もともとマクドナルドの理念のひとつである「スリー・レッグス・スツール」を改めて実践したにすぎません。彼らがイキイキと、自らガンガン動いてくれないと、素晴らしいマーケティングはできませんし、ビジネスは回っていかないのです。

P&Gのマーケティングで重要とされていた言葉のひとつに、**「Excite your team」**がありました。**自分ではなく、まわりのモチベーションを上げて、ノセていかないといけない、**という意味です。マーケティングは自分だけでは何もできないので、いかにまわりに動いてもらうかが重要、ということを端的に表現した、いい言葉だと思います。

9 「商品を変えなくても、モノは売れる」

もっと成長したい、と海外赴任を希望。韓国へ

入社4年でマネージャーになり、ブランドマネージャーとして「アテント」を担当し、仕事の幅も大きく広がりました。そんな中で、私がどうしてもやってみたいことがありました。海外で、日本人のいない環境で仕事がしたかったのです。

つまりは、海外赴任ということです。これは後に詳しく書きますが、会社から常に成長することを求められる中で、当たり前のように**今の自分よりひとつ上、2つ上の役職の仕事をできるようになりたい**と考えていましたし、常にそれを意識していました。

マネージャーを2年近くやり、新しいことをしてさらに成長したいと考えた時に浮かんだのが、「P&Gに入ったからには、海外赴任をしてみたい」という入社当初からの思いで

した。実際には、当時は日本から海外赴任していた社員は極めて少なかったのですが、会社に対してずっと言い続けていたこともあり、入社7年目に、当時、低迷していた韓国のヘアケアブランドの担当者として赴任することができました。

P&Gで、日本人としては初の韓国赴任でした。しかも、当時は誰もやりたがらなかったグローバルブランドのシャンプー「パンテーン」の責任者です。**韓国では、ビジネスはボロボロの状況でした。**

当時の日本の上司からは、私が選ばれた理由について、半分冗談でこう言われました。

「仕事の力じゃないな。男であること、それに酒が飲めるから選ばれたんだよ」

当時の韓国は男尊女卑がまだ強く残っていましたし、酒が飲めないとビジネスパーソンはやっていけない、とも言われていたからです。

韓国に赴任してまず驚いたのは、日本よりも圧倒的に英語の能力が高い、ということでした。韓国の有名大学を卒業したメンバーたちは、新入社員でも、とても綺麗な英語を流暢に話しました。

当時は90年代の半ばでしたが、英語力で圧倒的に劣っている日本の大学生は、グローバルで戦う上でかなり不利だな、と感じました。実際、日本では一流大学を卒業しても、まったく英語を話せないのが当たり前だったからです。

タイや中国に出張することもありましたが、そこでも新卒の若者たちは完璧に英語を話していました。韓国の一部の大学では、在学中に9割が留学するとも聞きました。韓国、中国、タイの若者たちの英語力を知って、日本の若者はグローバルの人材市場で負けている、と強い危機感を覚えました。

ただ、韓国のP&Gは当時、まだまだ小さな組織でした。グローバルブランドである「パンテーン」が低迷していたこと、そして多くのメンバーがまだ経験が浅かったので、他の国からマネージャーを求めた、というのが私が赴任した背景でした。

当時の日本と同様、韓国でも就職先としては圧倒的に自国の大手企業が人気だったので、わざわざ有名大学を出てP&Gに来ているのは、かなりユニークかつ優秀な若者たちでした。実際、当時の韓国P&Gの新入社員たちは、現在では大手韓国企業の要職に名を連ねています。

そして、これは後に私がどこの会社に行ってもやることになるのですが、赴任してまず最初にしたのが、激しい飲み会でした。韓国といえば、焼酎かウイスキーのストレートで乾杯しながら、延々と一気で飲み続ける、という文化がありますが、私はそれに思い切り付き合ったのです。

飲み競争で何人かを倒し、最後は何回も共倒れになりました。しかし、こうやって激しい飲み会を経ると、ぐっと関係が近づくのも韓国でした。

日本から、まだ28歳の若いブランドマネージャーがやってきたわけです。韓国のことも知らないし、大きな実績を持っているわけでもありません。そんな人間の言うことを、簡単に聞いてもらえるわけがありません。だから、**まずは「感情」から入ったのです。**

ちょうど韓国には激しい飲み会という文化があったので、こっちも激しい飲み会「上等」ということで、やってやろうじゃないか、と。でも、これを何度かやれば、だいたいの男性メンバーとは仲間になり、一気に動きやすくなるのです。

こんなふうに、**新しい場所に飛び込んでいく時は、最初は感情的に心を開いてもらうしかないと思っています。**もしかすると、今の時代にはちょっと合わないかもしれませんが、その方法は私の場合、激しい飲み会なのです。いわゆる「飲みニケーション」は、特にお互いがお互いをよく知らない状況ではとても有効だと、今でも思っています。実際、それ以降の会社でも、赴任してからしばらくの間は激しい飲み会を必ずやっていました。

現地のスタッフといい関係が作れなくてはいけない

韓国で当時「パンテーン」が低迷していた理由はすぐにわかりました。グローバルのメッセージと、韓国のコミュニケーションのスタイルが合っていなかったのです。

アメリカのTVCMは30秒ですが、韓国は15秒が主流です。そうすると、長い説明調のメッセージは伝えられないし、面白くないので見てもくれません。記憶に残るインパクトが韓国でのコミュニケーション（特にTVCM）には重要でした。

「14日間で髪を美しくします」というのがグローバルの主メッセージでしたが、これではインパクトがありません。そこで「枝毛」に着目し、「もう（髪が傷まないので）枝毛を切らなくていい」、というシンプルなメッセージを、当時パリコレにも出演していた韓国の有名モデルを起用し、TVCMや店頭等、あらゆるコミュニケーションで展開しました。商品はまったく変更しませんでした。

同じ商品でも、コミュニケーションを変え、見せ方を変えてみるのは、マーケティングの基本です。メーカーだからといって、常に商品を変える必要はないのです。実際、この韓国の「パンテーン」の新しいキャンペーンは、インパクトのあるビジュアルもあって、大成功しました。

そしてもうひとつ、現地の流通の特殊性にも着目しました。当時の韓国のヘアケアのメインの流通のひとつは、デパートだったのです。

デパートには、1階や地下の入り口横に、イベントができる催事場的なスペースがあります。その催事場をデパートとの交渉で獲得して、そこでヘアケア製品を販売するというのが、当時の基本的な拡販手段だったのですが、韓国地元の大企業が競合ということもあり、なかなかその催事場を押さえるのが困難でした。何か特殊なことをしなければ、その場所を勝ち取れないのです。

この時、ハッと思い浮かんだのが、当時の日本で話題になったことがあった、肌の表面を拡大して見ることができる顕微鏡でした。これを髪の毛に使えないか、と考えたのです。髪の毛の表面を顕微鏡で拡大して、「あなたの髪はキューティクル（髪の表皮）がこんなに傷んでいます」とやってみたらいいのではないか、と。

そこで日本のP&Gの化粧品部門から2台、古い機械を手持ちで韓国に持っていきました。当時は「資産管理」などという言葉のない、ゆるやかな時代でした。そしてデパートに提案してみたら、すぐに採用されました。

実際にイベントを行うと、大変な評判になりました。顕微鏡で来店したお客様の髪の毛の表面を拡大して見せて、「あ、これは『パンテーン』のダメージヘア用がいいですね」とやるわけです。商品は飛ぶように売れていきました。後にこの店頭企画は、アジアの各国に展開されていくことになります。

「パンテーン」は大きく売上を伸ばし、P&Gで韓国赴任となった初の日本人として、ひとつの実績を残すことができました。その後、私のあとに入れ替わりで5人以上の日本人が韓国に赴任しています。後に、日本法人の社長を務めた私の先輩も韓国に赴任していました。その後、韓国と中国の2つの国は、日本のP&Gから海外に人材を輩出する登龍門になっていきます。

韓国で学んだことは、**自己責任で勝手に仕事を進めることの有効性が確認できたことです。**当時の韓国P&Gは弱小かつ瀕死だったので、あまり注目されなかったこともあり、かなり自由にやらせてもらうことができました。TVCM等のコミュニケーションプランも、厳しい承認プロセスを経ることなく進めることができました。

なるほど、**自分で好きなようにできる環境で仕事をすることは、極めて重要だ、**と思いました。**そのほうが、自分が正しいと考えた施策も実行できるからです。**

そして、英語で仕事ができることはビジネスパーソンの基本スキルだ、ということに改めて気づきました。

ただし、消費者へのコミュニケーションでは、地元の言語能力が必須になります。だからこそ、優れた現地メンバーといい関係が作れなくてはいけません。私の場合は、激しい飲み会という得意技が功を奏したのでした。

10

「直感」を大事にする

論理だけで考えてはいけない、と知る

Ｐ＆Ｇのマーケティング部で配られたマニュアルのひとつに、ＴＶＣＭを検討する際に、どこに注目して、どのように判断をするべきかをまとめた、「ＴＶコピー（ＣＭ）オーガナイザー」というものがありました。

驚くべきことに、その1行目にはこう書かれていました。

「Believe your guts.」

初めてＴＶＣＭのストーリーボード（絵コンテ）を見た時、また映像としては初めて試写を見た時が、「いち消費者」としてＴＶＣＭを判断できる最初で最後の機会です。だからこそ、大切にしなければいけないのは直感であり、自分の直感を信じろ、というわけです。

何かを提案されて、良いと思ったか、悪いと思ったかは、まずは直感で判断します。やりたいか、やりたくないか、ということです。

まだ実際の映像ができていないストーリーボードの段階でも、A案、B案、C案と3つ提案されたら、どれが直感的にいいのかを考えるのです。

まずは直感で判断して、その理由は後付けで考えればいい、とまで言われたことがあります。それよりも、自分が消費者になったつもりで考えることが基本だ、と言われ続けました。なぜなら、消費者は常に直感で判断しており、論理など関係がないし、説明することはできないからです。

外資系で、マーケティングで、P&Gで、というと論理的にいろいろ考えなくてはいけないのではないか、と思われる方も多いと思いますが、コミュニケーションの中身の判断に関しては、**「論理よりも先に、直感」**なのです。

もちろん論理は必要です。論理がなければ、そもそも形にしていくことはできませんし、広告代理店に「こんなコミュニケーションプランを作成してほしい」とリクエストできません。ただ、**コミュニケーションは論理だけではない**、ということです。

とりわけマーケティングのコミュニケーションでは、何かしら心に引っかかることが大切になってきます。アートまたは右脳の領域、と言ってもいいかもしれません。

論理的に考えた正しいことをメッセージにしただけでは、面白くなかったり、心に引っかかりません。これでは何回も広告に接触しても記憶に残りませんし、もしかして見たこと自体を覚えていないかもしれません。これでは、マーケティングとしては、まったくの金と時間の無駄です。

優れたコピーライティングやビジュアルが必要になるわけですが、それが心に引っかかるかどうか、というのは論理ではありません。

今やたくさんのデータが分析できる時代ですが、**論理的に考えているだけでは、心に引っかかるコミュニケーション、ひいては効果的なマーケティングはできない**ということを、マーケティングの領域に携わる人は、しっかり認識しておかなければなりません。

マーケティング=経営である

P&Gでマーケティングの仕事を始めて、ずっと言われ続けたことがあります。それは、**ブランドマネージャーは経営者だ、**ということです。

そのブランドに関わる**企画、生産、物流、財務に至るまで、すべてに目を配りながら、最終的な利益責任を含めた全体観を持つこと**が求められました。ブランドマネージャーは、ブランドの経営者なのだ、と。

後にヘンケルで私が実際に経営に携わるようになってからは、マーケティングには別の観点があると感じるようになりました。それは、会社というのは、マーケティング戦略がなければ成立しない、ということです。

誰にどのような価値を提供してどのように収益を確保し続けていくか、というマーケティングの全体像がないと、どんなＩＴインフラが必要なのか、どんな営業体制であるべきなのか、理論上、構築できないのです。経営戦略の前に、最初に来るのは実はマーケティング戦略で、それがあった上で、初めて営業やらＩＴやらの戦略も固まってくるということなのです。

その意味では、マーケティング戦略は、極めて重要です。**誰にどんな価値を提供していくか、ということは、企業活動の根幹になるからです。**理念やビジョンという形をとることもあるでしょう。

ところがときどき、マーケティング戦略とは、コミュニケーション戦略だと考えている人がいます。それは、マーケティングのひとつのアクションに過ぎません。マーケティングに確固たる定義がないせいで、マーケティング自体の定義は、残念ながら人によって、会社によって、いまだにバラバラなのが現実です。

そしてそのマーケティングの価値に学生時代からおぼろげに気づいていたからこそ、やってみたいと思っていたことがありました。経営です。しかも、実際はかなり若くても、経営に携われるということに、P&Gで気づかされました。

実際、**当時のP&Gの日本法人のゼネラルマネージャーは、まだ30代半ばの若さでした。**30代半ばで普通にゼネラルマネジメント、つまりは経営をしているのが、グローバルでは自然なんだな、ということに気づかせてくれました。**もし私が、経営陣はすべて50代か60代という大手企業に入ったら、それ（経営をやるのは50代以上）が当たり前と考えてしまい、この気づきはなかったと思います。**

しかしP&Gでは、部門別採用ということもあり、私はマーケティングしか経験していませんでした。確かにビジネスパーソンとして仕事をしていく上での基本的な考え方や態度などは、しっかり学ぶことができました。ただ、このまま長くP&Gにいて、30代半ばでP&G以外でも通用するような経営者になれるのかどうか、不安でした。

結論として、P&G以外の会社についても、またマーケティング以外の機能も学ばないといけない、と考えました。

留学してMBAを取りに行く、という選択肢もありましたが、何しろお金がかかります。普通のメーカーの社員でしたから、自費でMBAを取りに行くような貯金はありませんでしたし、社費で行くという選択肢もありませんでした。

そうすると、他の会社・業界やマーケティング以外の機能を短期間で学習できるのは、外資系コンサルティング会社への転職くらいしか、私には思い浮かびませんでした。出身地だった東京に、そろそろ戻りたい、という気持ちもありました。こうしてP&Gへの入社から8年が過ぎた頃、転職への道に踏み出していくのです。

第2章

「修羅場」が一番、人を成長させる

外資系コンサルで学んだ「成長の極意」

11

成長しないことは、衰退していること

プロセスなしに結果が出ても評価はされない

自分のキャリアを振り返ってみると、だいたい3年をめどに新しいことに踏み出してきました。P&Gでも在籍した8年の間に、6つの違うブランドまたは部署を担当していますが、これは後にも同じようなことが起きていきます。もっとも以降は、自分で選択していくことになるわけですが。

新しい仕事も何年かやれば、ある程度はできるようになっていきます。そこから惰性で過ごしていくのが、私は嫌いでした。自分が何も成長していないことを、自分で認識できてしまうからです。成長していないことは、私にとって極めて恐ろしいことでした。

これが決定的な考え方になったのは、P&G時代であり、そして何よりも、これから語る外資系コンサルティング時代です。

P&Gでは常に成長することが求められ、自分の役職のひとつ上、2つ上の仕事をするように言われていた、とは先に書いたことですが、これが本当に半年ごとの上司との面談(パフォーマンス・レビュー)で厳しく問われたのでした。

上司との半年に一度のレビューは、まったく形骸化していませんでした。自分はどこが成長し、どこの成長が足りないのか、かなりの時間をかけて上司と話し合いました。

数値目標はもちろんありますが、それはビジネス目標でしかありません。そうではなくて、上司が求めてきたのはパフォーマンスをしっかり出せるビジネスパーソンとしての態度であり、スキルであり、能力の成長でした。

外資系というとドライに結果だけしか見ないのではないか、と想像する人もいますが、P&Gではまったく違いました。結果はもちろん重要ですが、それ以上にプロセスが重視されます。実際、**プロセスがなくて結果が出ている人よりも、プロセスがきちんとしているのに結果が出ていない人が評価されました**。前者は単にラッキー、だとみなされていたのです。

逆に言えば、ここまでしっかり見てもらえたからこそ、わずか4年でマネージャーに昇進できた、とも言えます。半年おきに、厳しい評価とレビューを受けることができたからです。自分に足りないところを的確に指摘され、それを強化するためのアクションをとることができました。もちろん、成長するためには相当な努力が必要でした。

こうした仕組みがあったこともあり、私にとって、常に成長するのが当たり前になりました。もっと言えば、成長は強迫観念にすらなりました。常に成長しないといけない。立ち止まってはいけない。そんなふうに考えるようになっていきました。

そしてさらなる成長を求めたのが、外資系コンサルティング会社への転職でした。**行こ**

うと考えたのは、世界的には有名だけれど、日本では無名な会社。Ｐ＆Ｇを選択した時と同じです。誰もが行きそうな、人気のある有名な会社は、選択肢に入りませんでした。

結果的に選んだのが、ブーズ・アレン・アンド・ハミルトン（現ＰｗＣコンサルティング Strategy &）でした。たまたまご縁があり、ユニークで魅力的な人が多かったことで決めました。アメリカでは、ペンタゴンがクライアントになっていたりして、テクノロジー系に強かったことも魅力でした。もちろん決める前には、コンサルティング業界にいる友人にも話を聞きました。そして、結果としてブーズ・アレンで6年、その後仲間に誘われ、ローランド・ベルガーに移って約1年半を過ごすことになります。

必死で勉強して、ついていくしかない

転職して端的に感じたのは、**「全然ダメじゃん、オレ……」**でした。想像していた以上に大変でした。正直、入社前には「なんとかなるだろう」と思っていましたが、そんな簡単な話ではありませんでした。なめていた、と言われても仕方がないくらい、**想定していた仕事内容と自分の実力のギャップがありました。**

何しろ自分がまったくの世間知らずだということが明らかになったので、凄い勢いで成長しなければいけない、という意識がより強いものになりました。成長しないことは、衰

退しているのと同じ、ということをはっきり認識しました。ビジネスの世界とは、そういうところなのだ、と。

とにかく足りなかったのは、経験でした。P&Gでは、ブランドマネージャーしか経験していないわけです。そこにいきなり、**「来週から、電機メーカーの財務部長をカウンターパート（窓口）に、キャッシュフローを増やすためのプロジェクトが始まるから」**と来るわけです。私が対峙することになるのは、上場会社の財務部長です。電機メーカーの事業内容も、財務やキャッシュフローに関しても、まるでわからないのに、です。

このプロジェクトが終わると次は、**「消費財メーカーの100周年ビジョンを作るので、チームに入って」**と来るわけです。当たり前ですが、それまで会社のビジョンなんて、考えたこともないのに、プロジェクトの運営をリードしなくてはいけないのです。

とにかく一生懸命、勉強するしかありませんでした。プロジェクトが始まる前の数週間、関連した本や、過去の似たプロジェクトの資料を徹底的に読みこみます。さらに、どんな検討ポイントや課題があるのか、どのような解決方法があるのか、社内でチームミーティングをする際にそのクライアントを担当しているコンサルタントに確認したり、その分野が得意そうな先輩のコンサルタントに聞きに行きました。そうすると、プロジェクトが始まる頃には、大きなアウトラインが描けるようになります。

クライアントは、化粧品や文具、飲料などの消費財が中心でしたが、システムインテグレーターや電機メーカー、流通、商社など、多種多様な業種を経験しました。主に営業・販売系の仕事でしたが、コスト削減や組織改革、日本進出計画、海外拠点の統合なども手がけました。半年から1年のプロジェクトもあれば、1カ月、2カ月のプロジェクトもありました。

合計7年間、コンサルタントをやりましたが、最終的には当初の目的通り、多様な業種・会社の、多様な機能部門の仕事を短期間で学ぶことができました。

実務として大切だと感じたのは、**知識を持つことではなく、「自分の意見を持つ」ということです**。対峙する相手が上場企業の経営企画部長であっても、財務部長であっても、「私はこうしたほうがいいと思います」「それはやめたほうがいいと思います」とはっきり言えるかどうか、です。逆に、知らないことは「そこはわかりません」と正直に言えるかどうか。それができるかどうかで、圧倒的に相手からの信頼が変わります。

知識は誰でもいくらでも身につけることができます。しかし、見解を持てるようにならなければ、成長したことにはなりません。自分が常に、どんな課題に対しても見解を持てるように、いろんな人と話したり、本を読んだりしました。

いつも必死でした。ひとつのプロジェクトが終わると、次にいつどんなプロジェクトに入ることになるか、わからないからです。「では、来週からここに」とポンと入れられて、そこから自分で勉強していくしかないのです。振り返れば、よく回っていたと思います。

当時すでに私は30代でしたが、一緒に仕事をしていた20代の若手たちはとても優秀でした。しかし、それ以上に驚いたのは、ベテランのコンサルタントのプレゼンテーションスキルでした。

難しい言葉を使ったりしないのに、とても説得力があるのです。難しく伝えても誰も理解してくれないし、誰も動いてくれないのは当然ですが、ビジネス誌に書いてあるような平易な内容なのに、クライアントの心がグッと動かされるような話し方をするのです。

コンサルタントというと、ロジックのイメージを強く持っていましたが、ここでもやっぱり「感情」なのか、と思いました。一生懸命さであり、パッション。**どんなに正しいことを言われても、腹落ちしなければ動かないのです。**「感情」がなければ、人は動かないということです。

12

まずは関係者に徹底的にヒアリングする

クライアントだけでなく、その顧客にも話を聞く

コンサルティングの仕事は大変ではありましたが、醍醐味のひとつは、どんどん案件が変わっていくことでした。短いものなら数カ月。長いものなら半年から1年。どんどん仕事の分野が変わり、クライアントも変わっていきました。

もちろん、プロジェクトの概略をつかむための勉強を自分なりに必死にするわけですが、案件が始まる時に、多くのプロジェクトで、まず最初に行っていたことがありました。これは、後にヘンケルしかり、ワールドしかり、日本マクドナルドしかり、事業会社に移った際にも、最初にやっていたことでした。

それは**関係者にインタビューをしていくこと**です。もちろんクライアント当事者にも聞

きます。当事者や関係者の話を聞くことで、どこに課題感があるのか、どこに意見の相違があるのか等、勘所を探っていくわけです。

会社の課題は、財務的な数字だけではわかりません。**会社の強みや弱みは、意外に定性的なもので、数字に表れていないことも多いと思います。**

いろんな方の話を聞くことによって、そのような強みや弱み、課題などが浮き彫りになってきます。そうすると、「ここはこうやりましょう」「ここはやめましょう」といった解決のための新たなアイディアや仮説が出てきます。

関係者として、クライアントの顧客や取引先にもインタビューに行きます。クライアントから顧客や取引先に依頼をしてもらえれば、たいがいの場合、会ってもらえます。クライアント内部の人だけに話を聞いて、**顧客や取引先に話を聞かないと、その会社が外から実際にはどんなふうに見えているのか、客観的に把握することはできません。**

実際、これは後のヘンケルでもそうだったのですが、社員が自分の会社について思っていることと、顧客や取引先が思っていることは、かなり違っていたりします。それを知ることで、改善点が見えてくることも少なくありません。

顧客に聞く、という点では、消費者向けのグループインタビューなどを思い浮かべる方もいるでしょう。しかし、これはまったく別のものだという認識を持っておく必要があると思います。

実のところ、消費者向けのグループインタビューでは、最初からある程度の方向が決まっている場合がほとんどではないでしょうか。それこそ、インタビューが行われる前から、サマリーがある程度できていたりすることもありました。

グループインタビューを手がける会社に、調査の目的や仮説を伝えておくと、当然のことながら、その方向に誘導されていくことになります。したがって、消費者向けのグループインタビューで、会社や商品の改善点を見つける、というのは難しいと思います。

仮に誘導されなくても、ほんの少人数の意見でしかないグループインタビューで、何かを発見しようとか意思決定をしようというのは、絶対にやめたほうがいいと思います。実際、グループインタビューの結果が重要な意思決定に使われることのないように、私はヘンケルや日本マクドナルドでは、グループインタビューは基本的に禁止、という指示を出していました。

いかに本音を語ってもらうか、気を配る

コンサルティング会社時代にインタビューをしていたのは、クライアントの会社の取引先（顧客やサプライヤー）の方々でした。実は、こういった取引先は、クライアントの企

業に対して辛辣でシビアな意見を持っていることが多いのですが、それは聞きに行かないと出てこない話、でもあるのです。

多くの違った立場の関係者に話を聞くことで、同じ企業や同じ課題に対して、いろんな視点を持つことができます。これは、コンサルティング会社で学んだことです。

そしてインタビューに行く時には、心がけていたことがあります。それは、**笑ってもらうことです。**

冷静に考えれば、会ったこともない、まったく知らない若造が、怪しげなコンサルタントの名刺を持って話を聞きに来るわけです。そんなに簡単に、心を開いてもらえるはずがありません。

だから、最初はできるだけ笑ってもらうことを考えていました。堅苦しく入らない、ということです。

「本当のところは、どうなんですか？」

と、早く核心に斬り込んで行きたいけど、最初は間違いなく警戒されていますから、警戒を早く解くためにも、笑ってもらうのです。挨拶して早いタイミングで**「こいつは面白いな」と思ってもらわないといけません。**そうでなければ、心を開いて本音を話してもらうことは至難の業です。

ここでも「感情」は重要です。最初に感情をつかまないと動きません。その突破口のひとつは、笑いだと考えていました。

韓国に赴任した時のように、お酒を飲める場があれば、それを突破口にできますが、クライアントの顧客や取引先へのインタビューでは、さすがにお酒を飲むことはできません。そうすると、笑わせながら、「この人は、本音で話していいんだな」と思ってもらうしかありません。

幸いにも、私のキャラクターが、カジュアルで、もともと堅さがないキャラクターだった、ということもあるかもしれません。その意味では、すべての人には、それぞれのキャラクターに合う「心の開かせ方」があると思います。私の場合は、笑わせること、でしたが。

まずは関係者に徹底的にインタビューするというのは、転職先の会社を見極める際にも、とても有効な方法だと思います。

先に日本マクドナルドについて、取引先である広告代理店との関係性を変えた話をしましたが、あれも入社する前に広告代理店の関係者に、日本マクドナルドについて、外からの意見を聞いていたのです。そうすることで、実態や課題が見えてきたのでした。

入社を決める前に、いろんな人に会いに行きました。現役社員も元社員もいましたし、メーカーなどのサプライヤーや広告代理店など、社外の大きなステークホルダーにも会いに行きました。

ここで大きく活きたのが、P&G時代の人脈でした。いろいろな会社で、P&G出身者が活躍しているからです。彼らをたどって、多くの人を紹介してもらいました。ただ、会った全員から、「今、日本マクドナルドに行くのは、やめたほうがいい」と言われたのは、前述した通りです。

13 ランチやディナーは、会社の同僚としない

月に20時間もの貴重な時間を無駄に使わない

多種多様な業界のクライアントで、多種多様なプロジェクトがあり、何に関わることに

なるかはわからない世界が、コンサルティングという仕事です。

私が端的に感じたのは、圧倒的に自分の経験が足りない、ということでした。なので、常にインプットをして不足している経験を補っていくしかありませんでした。

本や雑誌を多読することはもちろんですが、**何より貴重なインプットになるのは、いろんな人に会うことだ**、ということに気づいていきました。

生の声が聞けるのは、本を読むのとはまた違う学びになります。何より、その場で「なぜ？」「背景は？」とかの、より詳しい話が聞けます。いろんな人に会うことは、自分のインプットには、とても有効だと思いました。

それこそコンサルティング時代には、**会社の同僚とはランチに行かない、と決めていました**。ランチは、誰かと会って仕事の話を聞く時間にする、と考えていたのです。

何も意識していなければ、ランチは当たり前のように近くに座っている同僚や、親しい仲間と食べに行ってしまうでしょう。実際、みんなそうしていましたが、私は絶対にやりませんでした。

週に5回のランチを1回1時間としても、月に20時間もあるのです。この貴重な時間をただ漠然と過ごしていくことが、あまりにもったいなかったのです。もちろん、別のプロジェクトを担当しているコンサルタントや、社内でも普段話さないような人など、社内で会いたい人がいれば誘いますが、惰性で同僚とランチに行くことはしませんでした。

ランチに少し遠くまで出る余裕がある時には、外の人とのアポイントをどんどん入れていきました。競合視察ではないのですが、いわゆる競合のコンサルタントともランチを積極的にしました。P&Gを辞めていろんな会社に行っていた元P&Gの仲間たちは、貴重な話を聞かせてくれました。過去にプロジェクトを御一緒したクライアントは、その後の顛末を教えてくれました。

予定が入らなかった場合には、会社で仕事をしながら軽く何かを買ってきたりしてランチを済ませました。1時間、無為に過ごすのが嫌だったからです。

夜の食事も、できるだけ誰かと会うために使いました。飲むのも好きだったので、飲食関係の人たちともつながっていきました。一人でふらりとバーに行くこともよくありました。そこで偶然に出会った人から、いろいろな人を紹介してもらえたりするわけです。

実際、後に会社を上場させることになった起業家や、大手企業の役員など、飲みの席で知り合った方は数えきれないほどいます。その後も、夜しか会っていなくて、知り合って数年経ってから初めて、昼間の仕事でばったり会った、なんて人もいます。

人脈を広げよう、という意識はまったく持っていませんでしたが、結果的に広がっていきました。それは、いろんな人に会うことを常に意識していたからです。

私は今でもいろんな人と会うことを大切なインプットの機会と位置づけているので、ほぼ毎晩、どなたかと会食しています。1晩で3〜4件の別の会に出ることも珍しくありません。毎年夏には年末の予定が埋まり始め、10月にはすべて埋まってしまうのが通常です。それほど、人に会うことを重視しているのです。

異業種交流会には行かない

もうひとつ、これは個人的な楽しみでもあったのですが、早くからインターネットの世界を楽しんでいたことがあります。それこそ、ニフティのパソコン通信の時代から、ネット上でネットワークを作っていました。だから、いまだに自分の当時のニフティのメールアドレスを自分のIDにしたままのインターネットサービスが多くあります。

そうこうしているうちに、ミクシィやグリーなどのSNS上で知り合ったのが、後にインターネットの世界で活躍していくことになる若者たちでした。

ネット上で尖った意見を出している人や、面白い反応をしている人がいると、つかまえて、グループを作って、「みんなで飲みませんか」と誘っていました。

実際に会って話をしてみると、やたら面白いわけです。こうして、いろんな人に会ったり、いろんな人とつながったり、いろんな情報を手にすることができました。

今で言う**オフ会**です。それをＳＮＳの黎明期からやっていたのです。ミクシィもグリーも、ゲーム事業を開始する前の、まだＳＮＳがビジネスの大半だった頃です。そして、そのＳＮＳ黎明期に出会ったネットを使いこなす若い人たちが先頭に立って、その後のインターネット業界を切り拓いていきました。

結果としてですが、後にインターネット業界を引っ張っていくことになる人たちの何人かを私は知っていたわけです。彼らは当時20代。一回り年下だった人も多くいましたが、まったく気になりませんでした。なぜなら、彼らは私の通常の仕事ではまず聞くことができない、新しい業界の話だったり、最先端の話だったり、を知っていたからです。

もう20年近く前になるわけですが、そうした時代から知っているのと、彼らが上場したり、有名になってから知り合いになるのとでは、関係性はまったく違うものになります。おかげで、今でもいろいろな人を紹介してくれたりします。

逆に、異業種交流会のようなものには、私はまったく関心がありませんでした。短時間のパーティーで名刺交換などしても、まったく意味がないと考えていました。そこでお会いした人たちには、私となんの共通項もなければ、共通の思い出もないからです。

ただ、常日頃からいろんな人に会うことを心がけていれば、人のネットワークはどんどん勝手に広がっていくのです。**人脈を作ろう、などと交流会に行くのではなく、ランチな**

り、ディナーなりで小さくても濃い交流を作っていくことです。

それがやがて、大きなネットワークに変わっていくのです。

14 常に大きな「ギブ」を意識する

人間関係は「引き出し」を作らないといけない

人のネットワークが大きく広がっていった背景にはもうひとつ、祖母からの教え、そして大学の竹内ゼミでの教えも大きかったと思っています。

母方の祖母である宝田あいは、内村鑑三の弟子の一人として、キリスト教の世界ではそれなりに名の知られた人でした。彼女に自分が子どもの頃からずっと言われてきたのが、この言葉でした。

「Love is giving」

人に与えなさい。与えることから始めなさい、ということです。**人間関係は「引き出し」だ、とも言われました。**何かをしてもらおうと思ったら、まずは引き出しにたくさん入れておかないといけない。そして、あちこちに入れ続けなさい。そうすれば、いつか何かが戻ってくるかもしれないよ、と。

そのために、どんどん「ギブ」をしていくのです。**「ギブ！　ギブ！　ギブ！」**を心がける。**いつどこで戻ってくるかはわからないし、戻ってこないかもしれないけれど、それでいいのだ、と。**

その実践をしてみたことがあります。私は大学時代に、ニューヨークのコロンビア大学に1カ月間、短期留学をしたことがあるのですが、この「ギブの精神」を宿泊していた寮でやってみました。私の部屋は、冷蔵庫にあるものを自由に飲んでよい、というフリードリンクにしたのです。ビールでもワインクーラーでも。

そうすると、次々に留学生たちが部屋にやってきました。あっという間に、留学生の輪ができて、私はその中心に入ることになりました。

先に紹介した竹内ゼミの「戒律」にも、「Love is〝to give〟だということを忘れるな」という一節がありました。「Love」かどうかはともかく、今でも、この考え方は正しいと思っています。

だから、誰かにギブできること、無償で何かをしてあげること、に積極的に取り組もうと意識してきました。P&Gで日本の本社が神戸の六甲アイランドに移転した時、オフィスの近くに市営の大きなテニスコートがありました。私は大学時代、テニスをやっていたのですが、まわりに話をしてみると、テニスをやりたい人がたくさんいました。

そこでP&Gのテニス部を作って、初代部長に就任しました、そうすると、マーケティングのメンバーだけでなく、営業やら研究所やらファイナンスやらITやら、いろんな部署のたくさんの人が入ってくれました。仕事でつながりのあった大手広告代理店のテニス部と定期戦を企画したりもしました。とても喜ばれました。

仕事が終わった後、7時から9時までテニスの練習をして、それから夕食も兼ねて会社のそばの摂津本山駅前にあった「磯小屋」という居酒屋に飲みに行くのが慣例でした。この飲み会が楽しかった。そして、11時過ぎには、ピタッと解散しました。

後に私の貴重なネットワークになるP&GのOB会も、私の先輩が年に一度開催していたOB会を引き継いで、幹事を務めることにしました。もう20年以上になることは先にも書きましたが、そうすると、いろんな人の情報が自然に集まってきます。当時はエクセルで名簿管理をしてメールで連絡していたので、アップデートや会の出欠確認が大変でしたが、今はフェイスブックや出欠確認サイトもありますから、ＯＢ会の維持運営は難しいものではありません。誰が何をしているかも、よくわかります。

ちなみに、ブーズ・アレンやローランド・ベルガーのＯＢ会にも、時間が許す限り出席しています。**昔のつながりは、今の貴重なネットワークになるのです。**

飲み会は、強烈な印象を残すようなものでないと意味がない

ギブを意識するという点では、もっとシンプルな取り組みをしていました。それは、飲み会をセットするのです。**インターネットでのつながりでも、リアルのつながりでもいいのですが、この人と食事をしたいな、と思ったら、何人かに声をかけて、自分で飲み会を企画してしまうのです。**

そうすると、私自身も会えて話ができるだけでなく、招いたみんなもつながって、とても喜んでくれます。場合によっては、招いた人にも友達を連れて来てもらって、輪がさらに広がります。このようなつながりは、飲み会や小さなパーティーだからできることで、大きな交流会みたいなパーティーでは、そこまでの関係にはなりません。だから、そのような企画を自分で引き受けてしまうのです。

ときどき「こんな交流会とか飲み会、ないでしょうか。ぜひ参加したいので」と聞かれ

ることがあるのですが、私は「自分でやってしまえばどうですか？」と答えることにしています。10人、20人くらいなら、他の誰かが企画した会に行くより、自分で企画してしまったほうがずっといいと思います。

自分で会を企画すれば、自分の好きなタイミングで、来てほしい人を呼んで、しかも自分の馴染みの（または行きたい）店でできるわけです。いいことばかりなのです。だから、飲み会やパーティーの企画は、基本的に自分でやるようにしています。

以前は、最後（深夜）に集まる店を決めていました。今はもう銀座に移ってしまった、西麻布の「ロメオ」というカラオケバーでした。その場所が広くてカジュアルで、人数がわからなくても集まりやすかった、ということもあるのですが、理由は別にあって、知っている店だと何かと融通がきくので、記憶に残る飲み会にしやすいからです。

忘れられないハプニングや、印象に残る出来事などがあると、その夜は強烈な思い出になるのです。実はこれがとても大事です。というのは、その夜が、そこにいたメンバーにとって、何年経っても忘れられないような思い出になるからです。

だから、**私は自分が接待をする時にも、忘れられない印象を残すような、強烈な時間にすることを強く意識していました。**

ただ集まって、仕事の話をして解散しただけでは、たいした印象も残せないし、思い出にならないので、何か記憶に残る忘れられないことを作るのが大切です。**1、2時間、ご飯を一緒に食べたくらいでは、印象にも記憶にも残りません。**

先日もある会があったのですが、参加者のお一人が、その日が誕生日であることを事前に調べていました。しかも、好物がカステラであることも聞いていました。そこで、その会に行く途中で、わざわざデパートで高級カステラを仕入れ、会の終わりにサプライズで差し出しました。この人は、この出来事を一生忘れないと思います。

後にヘンケルでは、有名な美容師さんを引きつれて夜な夜な街に繰り出しました。ただ一緒に飲むのではなく、激しく飲んで、酔いつぶれたら街に放り出していくのです。置いて行かれた美容師さんは、びっくりしたでしょう。でも、それはもう、忘れられない飲み会になったと思います。私自身が酔いつぶれて放り出されたことも、少なくありませんでしたが。

新しい会社に入ってからの最初の印象づくりも同じです。だから、私は激しい飲み会をやることにしています。基本、そのような飲み会は、遅い時間までやります。12時前に帰れるレベルだと、たいした事件は起きません。強烈な思い出は、朝の2時や3時に生まれる、というのが私の経験則です。

また、大雪が降る日などは、一生忘れない強烈な思い出を作る絶好のチャンスです。早く帰ってしまうなんて、あまりにもったいない。電車が動かなくなって帰れなくなるのが心配なら、そもそもその日は家に帰らないと覚悟を決めればいいだけです。2018年1月の大雪の日、飲んだあとに真夜中に上半身の服を脱いで、大雪が降る中で、しかも麻布警察署のすぐ裏で、雪合戦を始めました。気づいたら、みんな服を脱いで雪合戦をしていました。間違いなく、この日のことは、みんなの一生の思い出になると思います。

15

お金を払ってでも、時間を増やす

電車の中でスマホゲームをやってはいけない

情報収集のためにたくさんのビジネス書や雑誌を読んでいました。インターネットがなかった頃は、記事を切り抜いてスクラップブックに貼って保存したりしていましたが、あまりに手間がかかるのと、後から記事を見つけるのが大変なので、やめてしまいました。

今はインターネットでいつでもどこでも情報収集ができます。面白いと思ったら、その記事をクリッピングするか、写真に撮ってエバーノートに入れています。いろんな書類や写真も、ドロップボックスやグーグルドライブに入れていて、いつでもどこでも、すぐに取り出して見ることができます。

メモを書いたほうがいいというアドバイスをもらってトライしましたが、私には合いませんでした。結局、**書いても書かなくても、印象に残ったことしか頭には残らないのです。キーワードだけ覚えていれば、後からパッとつながるものです。**何かを思い出そうとする時に、エバーノートやドロップボックス、グーグルドライブに保存しているものが活きてきます。「あ、あれ何だっけ？」と思っても、そのキーワードやビジュアルを見た状況や時期を覚えておけばだいたい取り出せますし、タグをつけておけば、さらに確実です。

成長しなければいけない、という気持ちは今も変わっていないので、新しい情報をどんどん入れていかなければいけません。**アウトプットが、インプットを超えることは絶対ありません。**なので、良いアウトプットを出し続けるためには、常にインプットを続けなくてはいけません。

それだけに重要になるのが、時間です。時間がいかに貴重なものかを痛感したのが、コンサルティング会社時代でした。何しろ仕事にかけることができる時間が極端に短く、アウトプットのクオリティーは極端に高くないといけない。そうすると、寝る時間もなくなるのです。

今もそうですが、絶対にやってはいけないのは、暇つぶしです。そもそも私には暇をつぶすというコンセプトがありません。時間ができればインプットをしているので、暇がないからです。

ところが電車に乗っていても、ずっとゲームをやっているビジネスパーソンがいます。これはやってはいけない、とよく言っています。

電車で通勤時間にゲームをする時間を1日1時間とすると、週5時間で年間260時間になります。これだけの時間をゲームという消費にあてている、ということに気づく必要があります。それだったら、本を読むなり、雑誌を読むなり、ネットで情報を得るなりしたほうが絶対に自分のためになると思います。

コンサルティング時代は、とにかく圧倒的に時間が足りない状況にあったので、**時間はお金で買ってでも増やすべきだ**という考えが、確固たるものになりました。

真っ先に決めたのは、通勤に片道30分以上かかるところには住まないことでした。当時、会社は赤坂にありましたから、通勤30分圏内といえば、家賃もそれなりに高くなるわけですが、そんなことは気にもしませんでした。

そして、経費で落ちなくても、自分で積極的にタクシーを使っていました。そのほうが、すばやく移動できて、移動中に電話したり書類を読んだりできるからです。今ならメールやネットをチェックすることもできます。時間は有限で、すべての人が公平に同じだけの時間を与えられています。その**決まった時間の中で他の人より多くのことをやり、最大限の成果を出すために、時間効率は厳しすぎるほど追求したほうがいい**と思います。

テレビは時間あたりの情報量が少ないので見ない

P&G時代から、時間が大切だということには気づき始めていました。例えば、新入社員の頃は、シャツに自分でアイロンをかけていました。ところが、結構な時間がかかるわけです。それなら、数百円払ってクリーニングに出したほうが、そもそも早いし、自分の時間を時給換算した金額より安いと考えて、アイロンは捨ててしまいました。

そして、テレビも見なくなっていきました。というのも、**テレビは時間あたりで入ってくる情報量が、本や雑誌を読んだり、今ならネットを見るのに比べて、圧倒的に少ないからです**。そもそもテレビで普通の番組を放映している時間には家に帰らない、という理由もありますが、今ではほとんどテレビを見ることはありません。録画機能がついたビデオやレコーダーなども、もう10年以上持っていません。マーケティングをやっていた時は、仕事柄、競合や話題になっているＴＶＣＭのチェックをしたかったので、広告代理店さんにビデオにまとめて送ってもらって、ＣＭだけをざっと見るようにしていました。今ならネットでたいていのＴＶＣＭは見ることができます。

時間は有限なのです。コンサルティング時代は、何が欲しいのかと言えば、時間でした。今でもそうかもしれません。

ただ、仕事が忙しくて、他のことは何もできないというのは、好きではありませんでした。だから、娘が小さい時は、一度、夕方6時過ぎに会社を出て家に戻り、子どもを風呂に入れて、簡単に食事をして、それから8時過ぎに会社に戻って朝方まで仕事、という生活を送っていた時期もあります。夜に会社に戻る時は、もう外部の方に会うこともありませんから、短パンやジャージで出社していました。そのほうが、快適に仕事ができたからです。

ただ、こんなことができたのも、会社のすぐそばに住んでいたからです。しかも、電車で1駅だったのですが、あえてタクシーを使っていました。そのほうが、早いからです。スッと家に帰って、スッと会社に戻ってくることができました。

子育てはどこまで手伝えたかはわかりませんが、当時まだ娘が3歳くらいでした。そのタイミングで娘と一緒に過ごすことができるのは一生に一度しかないので、少しでも娘と一緒にいようと努力しました。

ちなみにこれは真似をしないほうがいいと思いますが、コンサルティング会社時代から、私は睡眠時間が4時間でよくなりました。3時に寝て、7時に起きるのです。これが、毎日の基本サイクルになっています。別に飲みに行かない日でも、朝の3時まで仕事をしたり本を読んだりしています。

こんな生活をしてもう20年になりますので、実は人間は4時間睡眠で生きていけるのかもしれません。実際、3時まで眠くなりませんし、昼間も眠くならないのです。さすがに深酒をした時と病気の時だけは別ですが、普段は朝の7時にはパッと目が覚めます。

睡眠時間を短くすることは、あまりお勧めはしませんが、私自身は50歳を過ぎた今でもまったく健康です。コンサルになる前までは、普通に8時間とか寝ていましたので、今から思うと時間を無駄にしていたな、と反省しきりです。

コンサルティング会社があまりに忙しかったために、私は睡眠時間の短い生活で大丈夫だと気づいたのでした。今でもこれで、まったく問題なく過ごしています。

16 ストレスという言葉はないと考える

ストレスなく仕事をする「すべ」を学ぶ

睡眠時間は4時間で大丈夫になった、と書きましたが、それが原因かどうかははっきりしないものの、ひどくなったものがありました。肩こりです。

睡眠不足によるものなのか、パソコンのせいなのかわかりませんが、ひどい肩こりに襲われるようになりました。

しかし数年して、ひどい肩こりはほとんどなくなりました。2週間に一度は、身体のコンディションづくりをしっかり行うようになったからです。

隔週で週末のどちらか1日は、整体やマッサージなど、身体のメンテナンスの日にあてています。ジムが加わることもありますし、プールが入ることもあります。またサウナや美容院が加わることもあります。余裕がある時は、毎週末、丸1日をコンディションづくりのために使っています。

私は「コンサルタントはキャバクラ嬢と同じだ」という説を持っているのですが、こうした身体のメンテナンスも、まさにキャバクラ嬢と同じだと思っています。

売れっ子のキャバクラ嬢ほど、週末にエステに行ったり、ネイルに行ったり、整体やマッサージに行ったりと、自分のメンテナンスに余念がありません。そこに、大変なお金と時間を使っているのです。だからこそ、結構ハードな仕事にもかかわらず、月曜からまた頑張れるのです。

コンサルタントも同じです。**ハードな日常ですが、きちんと身体をメンテナンスすることで、月曜日からロケットスタートを切ることができます。**

いい仕事は、やはり健康から始まります。不健康では仕事はできません。だから、しっかりメンテナンスをしていくのです。

コンディションづくりと言えば、もうひとつメンタル面のコントロールがあります。コンサルティング会社時代、膨大な仕事量に追われ、高いクオリティーを求められ続けるという、圧倒的にハイ・ストレスな状況で働くことになりました。

しかし、私はストレスなく仕事をする「すべ」を学ぶことになります。端的に言えば、**そもそもストレスがないような考え方をする**、ということです。

「シンガポール・プリンシパル（シンガポール原則）」という言葉があります。どこで学んだのか覚えていないのですが、とても腹落ちしました。

それは、**何か嫌なことがあった時は、出て行く、ルールを変える、我慢する、の3つしか選択肢がない、という考え方です。**

シンガポールでは、道に唾を吐くと、むち打ちの刑だか何だか、とても厳しい罰則があると言います。日本で生活する人にとっては、びっくりの法律かもしれません。しかし、これはルールなので、シンガポールに行ったら従うしかありません。

これが嫌なら、シンガポールから出て行くか、ルール（法律）を変えるか、我慢するか、の3つしか選択肢はない、ということです。

コントロールできることしか考えない

要するに、愚痴ったり文句を言ったりするから、ストレスを感じるのです。文句を言わない、と決めると、3つしか選択肢はないわけですから、そのどれかを実行するしかありません。

シンプルですが、このことに気づくと、ストレスがなくなります。多くのケースで、我慢するしかないという選択になりますが、どうせ変わらないルールなら、そもそも考えなければいいのです。

自分でコントロールできないことを、いくら考えても仕方がありません。今日は大雨で嫌だな、と思っても晴れてはくれません。世の中の景気が悪くて困るな、と思っても景気が良くなるわけではありません。

考えても、どうしようもないのです。であるならば、考えなければいいのです。**自分でコントロールできること、自分のアクションで変えられること、しか考えない。そうすれば、ストレスはなくなります。**

このことに気づくと、グッとラクになります。実際、私はラクになり、ストレスフリーになりました。コンサル時代もハイ・ストレスでしたし、後のヘンケルも、ワールドも、日本マクドナルドも、まわりから見ればかなりのハイ・ストレスの仕事でしたが、私にはストレスはありませんでした。

さらに言えば、結局、思い悩んだりする人は、暇があるから余計なことを考えてしまうのだと思います。忙しいと、本当に考えなければいけないことしか、人間は考えないのです。悩む時間や、ストレスを感じている時間なんてありません。

だから、暇な人ほど悩んでいます。忙しい人は、悩むことがありません。悩む時間がないからです。

17 修羅場でなければ、経験と呼べない

修羅場が一番、人を成長させる

もし、ストレスをまともに感じていたら、コンサル時代の仕事も、その後のヘンケルでの仕事もできなかったと思います。ヘンケルのビューティーケア部門のリテール（一般向

け）事業を行っていた日本法人は、ヘンケルに買収された、超ドメスティックで大幅赤字に苦しむ日本企業が母体でした。

私は34歳でそこに行って、日本の責任者として営業のリストラと工場閉鎖をやらなければいけなかったのです。一般的には、超ハイ・ストレスな仕事だったと思います。しかし、私はそんなふうには考えませんでした。それは、コンサルタントの経験があったからです。もっと言えば、修羅場をたくさん経験していたからです。

修羅場という言葉は、コンサルタントが必ず読む三枝匡さんの著書『V字回復の経営』にも出てきますが、私は別の機会にも、数多くの修羅場をくぐることがいかに重要であるかを思い知らされることになりました。

コンサルタントになったばかりの頃、何かの会合で、三枝匡さんにご挨拶する機会があったのですが、その時、初対面の私に対して、三枝さんは単刀直入にこう聞いたのです。

「足立さんは、修羅場を何回、くぐったことがあるの？」

正直に言って、修羅場と言えるような経験を、その時はあまりしていませんでした。しかも聞かれた時は、なぜわざわざ修羅場をくぐる必要があるのか、理解していませんでした。しかし、後に痛感するのが、ただ時間を過ごすのは経験などではなく、修羅場こそが経験だということです。

とても濃い経験をしなければ、経験などとは呼べないのです。それからは自ら、修羅場に飛び込んでいくようになりました。なぜなら、**修羅場に飛び込んでいくと、圧倒的に濃い経験ができるので、圧倒的に成長できるからです。**

誰もやらないことや、新しいこと。もっと言えば、誰もやりたがらず、成功の確率が極めて低いこと。**迷ったら、人が選ばない方向性を選べば、ほぼ間違いなく修羅場に当たります。**

実際、P&Gでも、アメリカ本社などで将来を嘱望された30代のメンバーが、責任者やマネージャーとして日本法人に送り込まれていました。当時の日本法人は赤字から脱却したばかりの中小企業でしたから、すでに大企業としてP&Gが強固な地盤を築いているアメリカで働くことと比べたら、言葉も通じない東洋にある小さな会社、**要するに修羅場に放り込まれていたということです。**それが最も成長できるからです。

そして修羅場を経験して、彼らはまたステージやポジションを上げて、世界に出ていきました。実際、80年代から90年代前半の日本法人に在籍していた外国人マネジメントの多くは、その後P&Gの本社で大きな出世を遂げています。P&GのグローバルのCEOに、日本の社長や会長を経験している人が、3人もなっています。

修羅場を経験した人がポジションを上げていく

だんだんわかってきたのは、自分はどんな人生を求めているのか、ということでした。ラクをしてのんびり生きたい、などとまったく思っていないわけです。ルーティンをこなしてラクに仕事をしても、ちっとも楽しくありません。

それよりも、波瀾万丈の人生のほうが面白いと思っていました。そうじゃない平和な人生なんて、いらないと思いました。だから、**何か事件が起きそうなところ、大変そうなところに、行きたくなってしまうのです**。

振り返ってみると、自分のP&G時代には、ブランドの担当は1～2年で替わり、その合間を縫ってアメリカ研修（英語習得）、営業研修（仙台駐在の山形担当）、広告代理店研修（出向）などもありました。今考えると、短い期間にもかかわらず多種多様な仕事をしていた、「濃い」新人時代だったな、と思います。

しかも、新卒採用が始まったばかりで、**それこそ若い人しかいませんでしたから、他の会社なら10歳年上の人がするような仕事もしていたのです**。だから、当時のP&Gにいたメンバーは、みんな成長したのだと思います。

しかし、コンサルティング会社でのラーニング・サイクルは、もっと速くて濃いものでした。理由は単純で、修羅場ばかりだったからです。

基本的に、コンサルティング会社に来る案件に、ラクなものはありません。大変だから、お願いしてくるわけです。そんな中でも私は修羅場の案件に積極的に携わっていきました。だから、経験値が圧倒的に増えていきました。同じことを繰り返しやっていても、経験値はたまりません。ドラゴンクエストでも、弱い敵と戦ってもたいした経験値になりませんが、強い敵と戦ったり、難しいミッションをクリアすると、経験値はどんどん増えていきます。それと同じことです。

日本でも最近は、ちゃんと修羅場をくぐった人が、しかるべきポジションに就くようになってきている印象があります。そうでなければ、世界では勝負できないからだと思います。世界のトップの多くは、若くして修羅場をくぐっているからです。

例えば、イトーヨーカ堂の社長の三枝富博さんは、中国のイトーヨーカ堂の立ち上げ時から携わって10年以上、責任者を務めていた方です。

10年以上前の中国で、外資系の小売りの進出はまさに修羅場だったはずです。実際、とんでもない経験をしておられます。しかし、だからこそ強いのです。そんな方だからこそ、この時代に、大企業のトップが張れるのです。

そして修羅場に慣れると、修羅場が修羅場ではなくなります。先にストレス耐性の話を書きましたが、修羅場にも耐性ができていきます。だから、**より大きな修羅場に臨めるようになり、より大きなチャンスに挑めるのです。**

私が求めていたのは、常に修羅場でした。波瀾万丈な人生を求めているからです。ラクでつまらない人生を歩むか。大変かもしれないけれど、ワクワクできる人生を歩むか。**その選択も、自分で決めることができるのです。**

18 新しい仕事は、自分から取りに行く

会社にとっての生命線、採用に自ら携わった

仕事が順調に回り出したら、それは成長スピードが落ちている、ということだと私は考えていました。コンサルティングも最初は大変でしたが、ある程度、慣れてきてからは、

プロジェクトマネージャーをやりながら、**採用や広報の責任者も、自ら申し出てやらせてもらいました。**

そもそも、普通のプロジェクトだけでも殺人的に忙しいので、採用や広報なんて、手間ばかりかかって評価されないことは、誰もやりたがりません。だから、自ら手を挙げました。もちろん、採用や広報の仕事は増えても、給与はそのままです。しかし、私は企業経営に必須の、重要な機能を学ぶことができました。

採用は、会社にとっては重要なプロセスです。特に売り物が人材しかないコンサルティング会社にとっては、良い人材を採ることは生命線です。ですので、その採用のやり方には、とても興味がありました。

要するに、**どんなプロセスで、どんな基準で人材を選んでいるのか**、ということを学びたかったのです。ブーズ・アレンでも、ローランド・ベルガーでも採用の担当者をやりました。そうすると、同じグローバルのコンサルティング会社でも、採用プロセスも違うし、採用基準も結構違うことがわかりました。

ただし、共通の部分もありました。どんな人材を求めるかを明確に定義していることです。例えば、重要なキーワードになるのは、まわりを動かすリーダーシップ。それから、**プロアクティブネス、指示がなくても自分で考えて自発的に動けるか、という点です。**

同時期に、日本の会社がどんな人材を求めているのかも、日本企業の人事戦略のプロジェクトで見ていったのですが、**当時の日本企業が求める人材には、プロアクティブネス的な要素がほとんど入っていないことを知りました**。これは、とても興味深いことでした。

採用面接についても多くを学びました。社内のいろんな面接官と仕事を進めるうちに、どの面接官が使えるか、使えないのか、だんだんわかっていくのです。

会社の採用基準をしっかり理解して、その基準を満たすかどうかの質問をきちんとしながら採用を判断している面接官もいますが、会社の採用基準とかを考えずに、自分の好き嫌いや感覚で選んでしまう面接官もいるのです。後者は、やはり使えません。どうして採用と判断したのか、不採用と判断したのか、聞いても明確な理由が出てこないのです。

これは後にヘンケルでも行うのですが、どの面接官が採用した人材が、後にどんなパフォーマンスを出していったか、チェックしていきました。

そうすると、明確に面接官の優劣があることがわかりました。ある人の面接を受けて入ってきた人は、危ないパターンが多い、という傾向が間違いなくありました。それがわかると、その人には採用面接の大切な部分は任せない、等の対策を打つことができます。

広告以上の広報の効能を知った

広報についても、大きな学びを得ました。コンサルティング会社の広報では、基本的にプロジェクトの内容を公開することができません。それでどうやって広報をしていくのか、興味がありました。当時は、取材依頼が来た時に対応する程度しか広報をしていませんでしたが、いろいろ知恵を絞ると、意外にできることがあるとわかりました。

ひとつは、こんな業界のプロジェクトを多くやっています、とメッセージを出し続けることです。たったこれだけで、その業界のエキスパートとしてのイメージがメディアにも、読者にも広がります。これは後の日本マクドナルドでの仕事にもつながっていくのですが、広報というものの効力を改めて実感しました。

広報の本質は、メディアが書きたくなるような内容を出してあげることです。ターゲットメディアを決めて、「こんな内容を出したい」と定めて、書いてもらえるように情報を発信するのです。

実際、いくつかの経済誌で自動車や消費財に強いコンサルティング会社、という露出をある程度続けると、翌年の採用時には学生から「この会社は自動車や消費財に強いんですよね」と面接で言われたりするのです。

コンサルティング会社の場合は、ターゲットメディアが大手新聞や経済誌と決まっていましたので、内容は変えながらも、同じようなメッセージを何度も発信していきました。そうすることで、学生からもクライアントからも、我々が欲しかったイメージを持ってもらうことに成功しました。

この時お世話になっていたのが、PR会社です。どんなにメディアと関係を深めても、コンサルタントである私たちは、一生、広報を担うわけではありません。メディアと常に接触を持っているPR会社のプロに、メディアとの関係構築は委ねたほうがいいのです。

改めてわかったことですが、**広報は販促という意味でも大きな効果があるのに、やっているのはIR的な企業広報だけで、商品の広報は担当事業部に任せきり、という会社がほとんどでした。**

私が入った時の日本マクドナルドもそうでしたが、プロモーションといえば、広告とデジタルに目が行き過ぎて、広報まで目が向いていない会社も多くあります。これは極めてもったいないと思いました。

一方で、本当に上手に使っている会社もあります。実際、数億円もかけて広告するよりも、Yahoo!ニュースやLINEニュースにポンと記事が出るほうが、よほど効果的です。しかも、マス広告のような大きな投資は必要ありません。

広告よりも広報を強化したほうが、いい投資になると思いますが（実際に日本マクドナルドではこれをやったのですが）、どうして多くの会社がこれをやらないのか、私には実に不思議です。

日本マクドナルドでは、キャンペーンの広報を本当にたくさん展開しました。実は広告だけではなく、広報とソーシャルメディアに力を入れていたのです。その理由はシンプルで、日本マクドナルドは品質事件の印象が強く、会社自体の信頼度が低かったからです。何を言っても、隠し事をしているのでは、と思われてしまうのです。

自ら発信をするだけではあまり効果が見込めなかったので、第三者に言ってもらう、話題にしてもらうことを考えたのです。第三者というのは、メディア（PR）であり、お客様（SNS）です。

実際、「こんな新商品が出ました。おいしいですよ」というマス広告を見るよりも、メディアの記事で「こんな新商品が出たので食べてみたら、やたらおいしかった！」と読むほうが、より信頼できます。

そのニュースが2、3日後にはソーシャルメディアのキャンペーンを打つことで、一気に広がっていきます。マス広告を打つのは、その後です。メディアの記事やソーシャルメディアで話題が広まった後に広告を打つと、「あ、これ見たことある。あのニュースで見たものだ」「あの人が投稿していた話だ」となって、信頼度や関与度が圧倒的に上がるのです。**まったく同じメッセージを発信していても、「誰が発信しているか」で効果が大きく変わってくるのです。**しかも、広報というとビジネス系の大きなメディアばかりを意識してしまいがちですが、マクドナルドのビジネスは、そんなメディアだけに露出をしても効果は薄いのです。

実際、当初、日本マクドナルドの広報が主に付き合っていたのは、日本経済新聞だったり、ダイヤモンド社だったり、ビジネス系のメディアでした。こういうビジネス系のメディアでの露出は、ビジネス層に会社のイメージを上げるという意味はあります。しかし、マクドナルドのお客様の大半は、実はそうしたメディアを見ていないし、マクドナルドのキャンペーンや新製品の情報が載るようなメディアでもありません。

それよりも、**当時まったくカバーしていなかった、グノシー、スマートニュース、ロケットニュース24、バズフィード等のネットメディア系での露出を強化しました。**

大メディアに記事を書いてもらうのは結構大変なことですが、こうしたネットメディアをプレス発表会に招待すると、いろんな記事を書いてもらえました。実際、マクドナルドの記事は、これらのメディアの読者にも喜んでもらえるので、お互いウイン・ウインになるのです。

「この人は素晴らしい人ですよ」と言う時、本人が自分でそう主張するのと、本人をよく知る周囲が言うのとでは、まったく信頼や受け止め方が違うことは、ご理解頂けると思います。それこそが、広報の効能です。これを私は、コンサルティング会社で自ら手を挙げて取りに行った広報の仕事で、知ることになったのです。

19 「サプライズ」のある仕事をする

圧倒的な仕事量、顧客からの信頼、組織貢献

30歳近い年齢で新入社員として入ったブーズ・アレンでしたが、死に物狂いの努力が実って、ありがたいことに高い評価を得ることができました。私はＭＢＡも持っていないし、欧米での勤務経験がなかったので、シカゴの事務所で2、3年、働いてみるか、というオ

ファーをもらいました。2001年春のことです。

家族で移り住むことを決め、8月、住む場所も決めて日本に帰国して、シカゴで働くのを楽しみにしていた時に起こったのが、アメリカの同時多発テロ事件でした。いわゆる「9・11」です。これでアメリカの経済は一変し、私のシカゴ赴任もなくなりました。

当時、ブーズ・アレンはジェミニ・コンサルティングと合併をして60人ほどの規模になっていました。すでに6年ほどブーズ・アレンにいたこともあり、**何か新しいこと、またひとりひとりの責任範囲が大きくなる、もう少し小規模な組織で仕事をしてみたいと考えるようになりました**。そんな時、当時はかなり規模の小さかったローランド・ベルガーに参画することになったブーズ・アレンの仲間が私を誘ってくれたので、一緒に移籍することにしました。

振り返ってみて、私がどうしてコンサルタントとしてある程度の実績を残すことができたのか、3つの要素があると思います。まずひとつは、**私の仕事量が圧倒的に多かったことです**。

若い新卒の20代をはじめ、コンサルティング会社には実に頭のいい人が多くいました。残念ながら、その人たちには頭の良さとかキレではかなわないことは、入社して早々に理解しました。頭のいい人たちに勝つには、量をやるしかないと考えて、たくさんのアウトプットを出すように努力し続けました。

もうひとつは、クライアントから信頼してもらえたことです。よく言われたのは、「足立さんは信頼できる」「本音しか話さない」「失敗も失敗として認めてくれる」でした。**どんなにロジックが正しかったとしても、相手は人間です。**これまで何回も書いてきましたが、「感情」が極めて大事なのです。

素晴らしい頭のキレ味の人たちもたくさんいて、キレ味鋭い内容の提案をするわけですが、実はそれをどのように伝えていくか、が極めて重要です。理詰めで押したり、難しいことを並べたとしても、クライアントが納得できるとは限りません。

そんなことよりも、**わかりやすく、納得してもらえるように、難しいことをシンプルに伝えることができるかどうか。**実は最終的には、これができることこそ、本当の頭の良さだと私は気づいていくのですが、それは簡単ではないのです。

そして、立ち居振る舞いも含めて、謙虚でいられるかどうか。知らないことは知らない、と正直に言えるかどうかもとても大切です。

コンサルタントでございます、と言ったところで、信頼してもらえるわけではありません。**信頼を得ていくためには、「この人は大丈夫だ」と思ってもらわないといけないのです。**

それこそ正しい内容のアウトプットは、時間をかけて考え抜けば、ある程度はできます。

しかし、信頼を得たり、相手の本音を引き出すのは、論理だけでは難しく、「感情」での共感が問われるのです。

私はしょっちゅうクライアントと飲みに行っていましたし、よく朝まで付き合いました。同じプロジェクトをやっている「戦友」と認めてもらうためには、それも時には大事なことです。そして、飾りませんでした。コンサルタント然とした格好よりも、効率を重視して、リュックでクライアント先に行ったりしていました。今でこそ普通ですが、当時のコンサルタントとしてはかなり珍しがられました。

そして3つ目は、**人が嫌がる仕事を率先してやっていたこと**です。採用、広報、さらには下を育てることこそ上の仕事だというP&Gの教えも守り、トレーニングにも積極的に参加しました。組織を作ることへの貢献です。

マネージャー以上の管理職には、これはとても大切な要素だと今でも思います。P&Gで教わったことが、そのままコンサルティング会社でも生きたのです。

効果は低くても、すぐできるものからやっていく

仕事のアウトプットについて意識していたのは、**求められている以上のものを常に出し続ける、ということでした。**

「これをいつまでにやっておいて」と言われて、「はい、やりました」とそのまま出していたのでは、なんのサプライズもありません。

私がよくやっていたのは、言われた期限より相当早く提出するか、または指示された内容そのままのプランAだけではなく、プランBも作ることです。

「Aプランに加えて、Bプランも作ってみました。もしかすると、こっちのほうがいいのではないでしょうか」

言われたことをそのまま100%やっても、誰も驚いてはくれないし、印象にも残りません。**何か違うこと、プラスアルファを追加でやっていく**ことを心がけていました。そうすると、クライアントも驚きます。また、このコンサルティング会社に仕事を発注しよう、という気持ちになってもらえます。

コンサルティング会社では、実に濃密な時間を過ごすことができました。P&Gには8年いましたが、徹夜して何か仕事をするなどということは、ほとんどありませんでした。しかし、コンサル時代には、徹夜で仕事をすることは、ごく普通のことでした。今で言えば、「ブラック企業」に近いかもしれません。

ただ、それは自ら望んでやっていたことでもあります。また、やらざるを得ない面もありました。なぜなら、クライアントから頂く報酬は、メーカー出身者から見れば、驚愕の金額だったからです。それだけの金額を頂くならば、持てるすべての力を使って考え抜いた、という仕事をせざるを得ませんでした。

ただ、おかげで大きな学びを得ることになりました。当初の目的だった多様な業種、多様な機能や部門の仕事を短時間で学ぶことができました。

何しろいろんな仕事をしたので、何かあった時、だいたいなんとなく「あ、これやったことある、見たことある」という土地勘ができたのです。だから、どんな問題に直面しても、それほどビビらなくなります。

また、組織の新しいリーダーが陥りがちなワナに気づいたのも、コンサルティング会社時代です。**新しく来たリーダーというのは、何かの取り組みをしようとする時、時間をかけても、効果の高い施策をやりたがる傾向があるのです。**

もちろん高い効果は欲しいわけですが、それにはどうしても時間がかかります。だから、なかなか前に進まず、なかなか成果が出ない、というようなケースをよく見ました。

これは実際にヘンケルや日本マクドナルドでも推し進めていくことになりますが、まずやるべきことは、効果は低くても、すぐできる施策、なのです。

時間のかからないもの、すぐできる施策をやっていくことで、結果が出ていきます。そうすると、自信が生まれていきます。その間に、効果の高い施策を準備しておけばいいのです。実績を出してリーダーとして信頼を得ながら、必殺の一撃を準備しておく、ということです。

また、この時代に私は「頑張ります」と言わなくなりました。仕事を頑張るのは当たり前だからです。大切なのは結果を出すことなので、結果の出ない頑張りは意味がありません。今では、他の人に「頑張ります」と言われると、「頑張るのは当たり前です」と返すのが、口ぐせのひとつになりました。

20 コンサルタントは「金銭感覚」に気をつけよ

給与が下がっても、事業会社に戻りたい

ブーズ・アレンに5年、ローランド・ベルガーに1年半、約7年半をコンサルティング会社で過ごしましたが、自分の中では**事業会社にまた戻りたい、という気持ちがどんどん高まっていきました**。

コンサルティングは会社を変える「きっかけ」にはなりますが、実行するのはクライアントであり、実際に会社が変わるかどうかは実行次第なのです。

実行するかしないか、を決めるのはクライアントです。そして、コンサルティング会社は、実行はしません。**実は成功のためには実行こそが大事で、実行こそ難しいのに**、です。

たしかにコンサルティング会社は刺激的でした。仕事も面白かったし、社内もクライアントも含めて、恐ろしく頭のいい人たちや素晴らしい人格者にも、たくさんお会いすることができました。でも、給与が大きく下がっても、いずれは事業会社に戻ろうと考えていました。

実際、7年半コンサルタントを務めて、高い評価をもらっていたこともあり、基本給よりボーナスのほうが多い年が2回もありました。当時、ボーナスが出た時に、義理の父親に自動車をプレゼントしたのを覚えています。コンサルティング会社ではそれなりの給与をもらっていましたので、事業会社に転職したら大きく年収が下がることは容易に予想できました。

ただ、私自身はお金にはあまり興味がありませんでした。当時はＩＴバブルの時代だったので、一攫千金を夢見てＩＴの世界に飛び込む友人も少なくありませんでしたが、そこにも興味はありませんでした。それこそ、ＩＴ関連の人のネットワークもたくさんありましたから、いくらでもその世界に行くことはできたのですが、行きませんでした。

自分が大企業しか経験していなかったので、スタートアップに行っても貢献できるとは思えなかったという理由もありますが、何より、お金を儲けることが自分の幸せだとは、やっぱり思えなかったのです。この時に思い出したのが、大学の竹内ゼミで最後に書いた「自分のミッション」でした。何のために働くのか、という自分の仕事に対する基本的な価値です。

「自分のまわりの人たちを幸せにすること」

ある程度の規模のある会社で働けば、給与は低いかもしれないけど、関係者もお客様も含めて、それだけ多くの人を幸せにできます。スタートアップは一攫千金の夢はありますが、大成功しない限り、幸せにできる人は限定的です。私はコンサルタントから転職するにあたり、この自分の価値観を貫いていくことになります。

コンサルタントの当たり前は、当たり前ではない

コンサルタント出身者が事業会社に移った時、失敗することがあります。その原因のひ

とつが**「金銭感覚」**です。とりわけ若い人は、気をつけたほうがいいと思います。

例えば、コンサルティング会社の新卒の若者が、メーカーのクライアントの前で、

「僕の給与、700万円しかないんです」

と平気で言ってしまうのです。メーカーでは、40代の課長の給与です。クライアントの人たちが、面白いわけがありません。

また例えば、残業になって、オフィスで残業食を注文する時、平気で高級な寿司の出前を頼んでしまったりします。また、目標達成した期末の達成会と言えば、麻布のイタリアンやフレンチでワインやシャンパンを飲むものだと思い込んでいたりします。

感覚がまるで違うのです。これでは事業会社のメンバーの仲間にはなれません。事業会社では残業しても寿司なんて食べないし、達成会でシャンパンなんて飲みません。しかも、コンサルティング会社では、それらはみんな会社の経費です。しかし、多くの事業会社では社員の自腹なのです。

多くの事業会社では、達成会は一人3000円の居酒屋で、自腹で払うのが普通です。

私自身もメーカーがキャリアのスタートでしたから、これが今でも当たり前です。この感覚がわからないと、コンサルタント出身者が事業会社のメンバーと仲間にはなれません。

だから、新卒でコンサルティング会社に入って、コンサルティング会社しか知らない人

たちは、気をつけたほうがいいと思います。投資ファンドなども同じです。私にも知り合いが多くいますが、「もしかして、ファストフードや牛丼の店に行ったことない?」と思ってしまうような方もいらっしゃいます(とてもおいしいのに、極めて残念なことです)。

感覚の違いに気がついて、うまく合わせることができる場合はいいのですが、何しろ生活習慣に近いものなので、それが結構難しいのです。

私もコンサルティング会社を卒業したあと、いくつかの事業会社に行くわけですが、コンサルティング会社の出身者は正直、嫌われていることもありました。「オレは頭がいい。まわりはみんなバカ」という態度で話す人や、「わかんないの、こんなことも?」などと平気で言う人もいました。

当然ですが、こういう言動をすると敵が多くなります。私はそういう言動をするコンサルティング出身の若者をよく叱っていましたが、**それでも気がつかない場合には、実際のプロジェクトを「実行」させました**。そうすると、必ずしもうまくいかないわけです。コンサルティング出身者は論理には強いのですが、「実行」は苦手なのです。こうして一度「挫折」をすると、ずいぶん丸くなります。

だから、コンサルティング会社から移る人は、注意をしなければなりません。コンサルティング会社に長く染まっていればいるほど、難しくなります。とりわけ、新卒からいた場合には、です。

一方で、最初に事業会社に入り、それからコンサルティング会社で鍛えられて、また事業会社に戻っていくというのは、うまくいくパターンが多いような気がします。こうした現実を、コンサルティング会社に入ろうとしている若者は、認識しておく必要があると思います。

そして先にも少し書きましたが、コンサルタントはキャバクラ嬢と、仕事のスタイルやシステムが、実はとてもよく似ています。他の会社＝お店に移った場合、多くの顧客はその個人を追いかけて、他の会社＝お店に移っていきます。

顧客は結構な高い値段を払っていますが、その高い値段のほとんどは、お店＝会社に吸い取られていきます。もちろん一般的な職業より高い収入を得ていますが、顧客が払う額とは大きな隔たりがあります。また、帰りはいつも深夜のタクシーです。

こんなように、コンサルタントとキャバクラ嬢は、とても似ているのです。そしてキャバクラ嬢がいきなりＯＬになってもうまくいかないように、コンサルタントも普通の会社員になるのは難しいのだと私は思っています。それなりの意識改革が必要、なのです。

第3章

人の倍の速度で「成長」する

ヘンケルで学んだ「勝負の勘所」

21

MBAはいらない

あえて、赤字会社の「修羅場」を選んだ

　P&Gに8年、外資系コンサルティング会社に7年半。**34歳になって、私が次に選んだのが、ヘンケルのビューティーケア事業の日本の子会社、ヘンケル ライオン コスメティックス株式会社（現在のヘンケルジャパン株式会社 シュワルツコフ リテール事業部）でした。**２００４年の春のことです。

　ヘンケルはドイツやヨーロッパでは、化学品や日用品の最大手としてよく知られている企業です。ヨーロッパのヘアケア市場では、２位のシェアを持っていました。しかし、日本のビューティーケア市場では、まったく事業を展開していませんでした。

　そこでヘンケルは、日本のビューティーケア市場に進出する第一歩として、ライオンと戦略的な提携関係を結びます。さらに２０００年、「フェミニン」などのブランドで、特徴的なヘアカラー製品を持っていた業界中位のメーカー、山発産業をライオンとの合弁で買収するのです。

　ヘンケルの持ち分が51・5%、ライオンの持ち分が48・5%。マーケティングと研究開発、財務を含めたバックオフィス関係はヘンケルが主導、営業はライオンが主導するという２つの体制でしたが、２つの文化がある上に、老舗の日本企業に対してのM&Aです。

想像できるかもしれませんが、会社は想定通りにはいきませんでした。後に、ライオンは撤退することになります。

会社は赤字が続き、このままではヘンケルも日本から撤退せざるを得なくなる。そんなタイミングで、私はヘンケルに入ることを決めたのでした。

コンサルティングの仕事をしていて感じたのは、最後までやれないもどかしさでした。PDCAもしなければ、自分でやりながら修正していくこともできません。

ただ、コンサルティング案件は、困っている状況をなんとかする、というものがほとんどでした。P&Gでも韓国のパンテーン事業の立て直しという「困っている状況からの解決」をやっていました。改めて思ったのは、困っている人の役に立てたり、事業を立て直したりするのは面白い、ということでした。

そこにご縁を頂いたのが、ヘンケルだったのです。事業に携われることに加えて、赤字のままではヘンケルは撤退するかもしれない、という危機的状況にありました。言ってみれば、修羅場です。この修羅場を、あえて選んだのです。

入社1年後に社長に就任することになりますが、入社時点ではその確約があったわけではありません。しかし、2004年春に入社直後、数カ月で当時のドイツ人社長は会社からいなくなり、**私がマネージング・ディレクターとして実質的に会社を運営していくこと**

になりました。

翌年、35歳で社長になった時、改めて感じたことがありました。それは、**世界とのスピード感覚の差と、全体を見ることの重要性です。**

日本の若者が考えているキャリアのスピードは、世界から見れば圧倒的に遅いのです。

40歳前後と言えば、日本の伝統的大企業では課長職にも就いていない可能性があります。しかし、P&Gでもそうでしたが、ヘンケルでは30代で国を率いるのは普通のことでした。アジア全体を率いていたのは、私と同い年の人物でしたし、驚くべきは当時のヘンケルのグローバルのCEOは着任時、42歳だったのです。

40歳前後で企業のトップを目指してキャリアを積んでいくのと、課長を目指してキャリアを積んでいくのとでは、スピード感に圧倒的な違いがあるのは、言うまでもありません。しかも、世界的なスタンダードは前者です。日本が遅すぎるのです。だから、人材が育たないし、人材がいない、とグローバル企業からは見えるのです。

それは仕方のないことです。日本では、そういう育てられ方をしていないからです。

育てられるのが遅いから、人材が育っていかない

30代で社長を務めることには、合理性があると私は思っています。プロの野球やサッカ

成長

ーでは、40歳前後に引退をしていく選手がほとんどです。それは体力、知力が最も優れているのが、30代だからです。

経営も同じです。経営者は大変な仕事です。朝から晩まで仕事をしなければいけない時もあります。**体力的に、さらには知力や頭のキレ味も、30代、40代のほうが、60代、70代よりもはるかに優れていることは間違いありません。**

その最高の時期に、社長という、とりわけ難易度の高い仕事をしないのは、もったいないと思います。せっかく優秀な能力があるのに、どうして活かさないのでしょうか。50歳、60歳になれば、またふさわしいポジションに就けばいいと思います。

例えば、私がいた当時のヘンケルのグローバルの社長は今、アディダスのグローバルの社長を務めています。優れた人材は、結果を出しながら、どんどん次のステージに上がっていくのです。

日本では、ビジネスでもそうですし、政治でもそうですが、とにかく上に行くのに時間がかかります。遅いのです。イギリスのブレアさんが首相になったのは、37歳の時です。フランスの今の大統領は39歳、カナダの首相は43歳です。

もちろん、全員が30代で社長を目指せ、と言っているわけではありません。猛スピードで成長を目指す人と、じっくり成長を目指す人と、欧米では両方のキャリアづくりのステップがあり、自分で選ぶことができます。ただ、能力がある人は、その能力を若いうちから最大限に活かすチャンスがあるということです。

実際に社長として経営をしてみてわかったことは、とにかくいろんなことを理解していなくてはならない、ということでした。P&Gのブランドマネージャーはブランドの「疑似社長」であり、利益責任も持っていましたが、実際に社長をやるとなると、営業、生産・調達、人事、財務など、幅広い仕事をしなければいけません。これを身を以て実感することになりました。

マネジメントを目指すなら、いろんなことを早いうちから経験していったほうがいいと思います。それこそ30代で国のトップを任せられることになる外資系企業では、そのために、若いうちからいろんな経験を積ませていくわけです。30代でマネジメントというゴールがあるから、そのための取り組みがあるのです。しかし、日本企業ではゴールのタイミングが遅いので、なかなかそうはなりません。となると、30代で経営者というのは、かなり難しくなるわけです。

振り返ってみると、P&Gという外資系メーカーにいて、それからコンサルティング会社で鍛えられ、事業会社で社長になったというキャリアは、偶然ではありますが、結果としてとても良かったと思っています。最初からコンサルティング会社に入っていたら、果たして自分が思うような仕事ができたか疑問です。

事業会社の経験があったので、コンサルティングの仕事では得意分野（一種のバックボーン）があり、そこから自分の幅を広げることができました。

経営を目指すために、ＭＢＡを取りに行く、という選択肢もあるかもしれませんが、私はまったく勧めません。何千万円もかけて留学するくらいなら、コンサルティング会社などで仕事をしながら鍛えられたほうがいいというのが持論です。

私はＭＢＡ出身者ともたくさん仕事をしましたが、特定の大学卒の人が必ず仕事ができるとは限らないように、ＭＢＡ出身者が必ずしも優秀、というわけではありません。正直、**優秀さとＭＢＡとはまったく関係がない、というのが私の見解です。**

ＭＢＡの唯一の魅力は、世界中の優秀で意欲的な人たちと、人脈ができることくらいでしょうか。その人脈も、国内のＭＢＡとなったら、もちろんモチベーションも学習意欲の高い素晴らしい方が多くいらっしゃいますが、海外のＭＢＡと比べたら魅力は半減です。

私は、私のまわりで国内ＭＢＡに行きたいという人がいたら、その前にまず英語を学ぶことを勧めています。

22

説得ではなく、理解を得る

まず課せられた仕事は、リストラと工場閉鎖

ヘンケルに入社した私に課せられていたのは、まずは黒字化することでした。結果的には2年で黒字化を果たすのですが、そのために最初にやらなければいけなかったのが、**営業部門のリストラ**でした。さらに1年後には、国内工場を閉鎖して中国に生産移管しました。まさに修羅場でした。

実際、当時の経営はかなり厳しい状況にありました。ドイツの有名な会社が日本の大手、ライオンと組んで、日本の中堅企業を買収したにもかかわらず、**数年経ってもヒット商品もなく、売上高利益率は二桁のマイナスで、大赤字でした。**

結局、ライオンは買収から数年後に抜けることになるのですが、この収益状況では当然

成長

だったと思います。ヘンケルがライオンに期待したのは、日本の営業や卸・小売りのネットワークでした。マーケティングはドイツから来た外国人マネジメントが担っていました。それ自体は、当時の決断としては正しいことだったと思います。

しかし、当たり前ですが、2つのまったく別の意図を持つ企業がひとつの会社を経営するのは、なかなかうまくいきません。結果的にライオンが抜けたことにより、ステークホルダーがヘンケルのみになり、経営に関する意思決定がシンプルになりました。

ただ、当時の状況が極めて厳しかったのは事実です。実は、営業のリストラをしなければいけないことはすでにわかっていたので、私が入社する前にコンサルティング会社がすでに入って準備を進めていました。**入社したばかりの当時34歳の私に課せられたのは、そのリストラを実行することでした。**

さすがにびっくりしたのは、ドイツから来ている人事の人間に、こう聞かれたことです。

「家族はどこかに避難させますか？」

どういうことかと聞くと、ドイツをはじめヨーロッパでは、労働者がとても強いので、リストラをしたり工場を閉めたりする時には、責任者の家族が誘拐されたり襲われたりすることがあるのだそうです。

日本ではさすがにそんなことはないだろう、と思いましたが、私を心配してくれたようです。ただ、コンサルティング会社時代にもリストラのプロジェクト経験はあったので、私はそれほど心配はしていませんでした。

私がしなければいけなかったのは、リストラを行うことについて、社員を説得することではなく、納得してもらうこと、つまり何が正しいのか（リストラしないと会社が立ち行かないこと）を、まずは論理的に理解してもらうことでした。

実際、当時はそれが会社の方針だったのかもしれませんが、この危機的な会社の状況は、社員にほとんど知らされていませんでした。大きな赤字を出していることも、社員は知らされていなかったのです。このままではヘンケルは日本から撤収し、会社は解散になるかもしれないという厳しい状況にあることを、社員はまったく認識していなかったのです。

リストラを宣告するなんて大げさなのでは、と思われる方もいるかもしれませんが、経営から見れば、人を減らさないとどうにも立ち行かないことは自明でした。それに失敗したら、撤退するか、赤字なので売却できませんから、会社を解散するか、というギリギリのタイミングでした。

当時のマネジメントのメンバーも、リストラをしなくてはならないことは、理解していました。あとは誰を選ぶのか、という選択だけです。それをもう、淡々とやるしかない状況にあったのです。

私の前任者たちは、会社の窮状を社員に晒さなくてもなんとかなるし、マイナスの情報は社員の士気に影響すると思っていたのかもしれません。結果として、**当時の社員は会社がどのくらい赤字なのか、どうして赤字なのか、その深刻さも知らなかったのです。**

私が着任早々にやったのは、会社の主要な数値を全社員に公開して、現状を理解してもらうことでした。すべてオープンにしました。現状を理解してもらうことが、最初の一歩だと思ったからです。

そして理解してもらった上で、リストラを宣言しました。誰を選ぶのかは、各現場に委ねました。過去数年間の人事評価が厳しいなど、一定の指標はありましたが、これだけで誰を選ぶか決めてしまうのは危険です。評価だけでは、誰が本当のキーマンとして仕事をしているのか、大事な顧客から信頼を得ているのか、わからないからです。**本当に誰を残したいかは、現場をよく知っているマネージャーたちにしかわからないことです。**

ヘンケル時代に学んだことのひとつが、仕事の意思決定に私情を入れてはならない、ということでしたが、社員と接する時は、とことん義理人情、浪花節で行きました。数字だけで見るのではなく、人として接し、人として向き合い、話をしました。

それこそ、いきなり外からやってきた若造が、「では、リストラをやります」と言っても、どこの馬の骨かわからない人間の話を聞いてもらえるはずもありません。まずは人として、私を理解してもらわなければいけないのです。

論理だけでなく、感情で納得してもらうのです。人は感情でしか動かない、と私はずっと考えてきましたから、積極的に中に飛び込み、深夜までの会議や激しい飲み会で「仲間」を作っていきました。

もちろんリストラや工場閉鎖がそんなにスムーズに行ったわけではありません。工場閉鎖では、使っているシステムがライセンス切れで更新できないことが判明し、閉鎖するまでの数カ月の運用のために新しいシステムを入れなければならない、というドタバタもありました。

それでも、早期退職するメンバーの協力もあり、営業のリストラも工場閉鎖も無事に実行されました。会社は私が入社して2年で黒字化しました。

23

失敗した時は、自分から認める

勝てない勝負ではなく、勝てそうな勝負を選ぶ

2年で黒字化できた理由は、最初からどんどん手を打ったことでした。**赤字を解消するには、方法は2つしかありません。コストを下げることと、売上を上げることです。**

ただ、売上はそんなに簡単に上がりません。むしろ厳しい状況の時には、売上がどんどん落ちていくことも想定しておかないといけません。

そうなると、売上がさらに下がっても利益が出るように、コストを下げるしかない、という決断になるわけです。コストの大部分は人件費と製造コストですから、それを下げるためには、（人数的に大多数を占めていた）営業のリストラと、工場閉鎖・生産移管による原価の削減をしなくては大きな改善は見込めませんでした。これは、やらざるを得ない選択だったのです。

そして同時に、売上を上げていく方法を考えていました。当時はヘンケルがグローバルで展開しているヘアカラーのブランドを日本に導入したものの、まったく売れず、散々な状況になっていました。

理由はシンプルで、ヘアカラー市場の中で、ヘンケルがグローバルブランドで参入したカテゴリーは、あまりに競争が激しかったのです。ホーユー、花王といった日本を代表す

成長

る大企業である競合に、その時点ではとても勝てないことがすぐにわかりました。

市場で何が起きているか、という状況は、それまでの経緯を社内外の関係者に聞いたり、データを分析すれば、ある程度はすぐに理解できます。その状況と、自社の持ち玉、さらには競合を見て、ここなら勝てるのではないか、という方法を見つけていくのは、実はそれほど難しいことではないと思います。

逆に言えば、**何しろ（赤字で）金もなく、知名度もない企業としては、自分たちが勝てるところで戦うしかなかったのです**。勝てない勝負をしても、しょうがないのです。

こうして選択したのが、**ニッチな2つのカテゴリー**でした。ひとつは**若者向けのブリーチ**です。端的に言うと、金髪にするための商品です。例えば、当時の高校生は夏休みに入った途端に金髪にして、夏休みが終わる頃に黒く髪色を戻していたこともあり、このような市場があったのです。

若者たちはどうやってブリーチのブランドを選んでいるかを考えたところ、ヘアカラー市場の中では比較的小さなカテゴリーなので、大きく広告を打っているような会社もありませんでした。実は、若者たちは、店頭に並んだパッケージを見て、買うブランドを決めていたのです。

つまり、店頭でのパッケージが、若者の意思決定には最も重要、ということです。ところが、当時のヘンケルの製品は、このパッケージが、若者には今ひとつ魅力がないデザインでした。そこで、ブリーチ製品の中身はそのままに、パッケージのデザインだけ若者受けするように変えたのです。

パッケージを変えるだけで、中身は変えませんから、手間もコストもそれほどかかりません。まずは、できるところから始めたのです。

実は私が入社した時には、すでにブリーチの数品が魅力的なパッケージに変わり、ヒットし始めていました。私はこれを見て、パッケージのアピール力さえあれば勝てるのではないか、という仮説を立て、若者向けの製品を全面展開しましたが、これが見事に当たりました。若者たちがパッケージ買いをしてくれて、爆発的に売れたのです。

そしてもうひとつのカテゴリーが、ブリーチと同様にニッチなカテゴリーである、**リタッチ系の商品**でした。白髪染めをして、髪の毛が伸びてくると、髪の生え際がどうしても白くなります。それをペンのようにリタッチする製品を鉛筆メーカーと共同開発していたのですが、このカテゴリーはあまりにニッチすぎるからか、大手競合は進出していませんでした。これなら、大手競合と戦わなくていいということで、このカテゴリーにもフォーカスすることを決めました。

これは後のマクドナルドも同じでしたが、会社が瀕死の状態だと本国の本社も大して興味を持ってくれないし、できればあまり関わりたくない、というのが本音です。だから、**誰も本国から日本にはやって来ないし、あれこれ言われることもないので、新しい斬新なチャレンジがしやすいのです。**おかげでヘンケルでは、本国の方向性とはまったく異なる2つのカテゴリーにフォーカスする、という決断をすることができ、しかも両方ともヒットしました。

やってみると売れたので、それを拡大していこう、ということになりました。そうすると、ますます売れるわけです。こういうところから、少しずつ成功体験を積み上げていくことができたのです。

一方で、失敗もありました。私の入社前からプロジェクトが進んでいたので、ニッチなカテゴリーの商品だけでなく、ヘアカラー最大のカテゴリーである白髪染めでも新製品を出すことになりました。ただ、残念ながら、発売した新製品はうまくいきませんでした。ところが、この新製品の第2弾として、すでに準備してあったラインナップを追加発売したい、ということになりました。普通に考えて、失敗した商品の第二弾は絶対に成功しないものです。

しかし、チームメンバーの「ここまで頑張って準備したので、発売させてください」という感情論に、その努力を知っていた私はＯＫを出してしまいました。その結果、返品の山になりました。売れる個数よりも、返品される個数のほうが多いのでは、という悲惨な状態になりました。それこそ、発売しないほうが、財務的には良かったくらいでした。

私は「失敗でした。私が悪かった」と社員に謝りました。部下がやりたいと言ったことでしたが、認めたのは自分の責任です。

この経験から、**「感情」や「義理人情・浪花節」は大事ですが、仕事の意思決定に感情を入れてはいけない**、ということを痛い思いをして学びました。

24 人事異動や評価指標によってメッセージする

エース営業をどこに配属させるか

会社に入った時に、真っ先にしたことは、社員はもちろん、社内外の関係者から話を聞くことでした。その時に、私が繰り返していた言葉が、後に社員には鮮烈に記憶に残ったようで、今でもヘンケルの当時の社員と会うと、冗談として茶化されます。

「それは、なぜですか」

どうして、こういうやり方をしているのか。そこには、理由があるはずだからです。だから、「どうしてなのか」または「どうしたらいいと思う」と聞くわけですが、私にもこう質問する意図がありました。多くの場合、その質問に対して、すでに私が答えを持っていた、ということです。

ただ、私から「こうしてはどうですか」と言ってしまうと、聞くほうからすると、その瞬間に上から押しつけられた意見になりかねません。**言われたことをやるのと、自分で気づいて自発的にやるのとでは、同じ行動でもまるで意識が変わります。**

だから、**どんどん聞き続けるのです。**そうすると、正しい答えに辿り着いたり、近づいたりするようになるのです。私が考えていた答えが社員の口から出た時は、「そうですよね！　素晴らしい！　やりましょう！」と、言うわけです。そうすると、その答えはもはや私の意見ではなく、社員が自発的に出して私が同意した意見、になるわけです。

例えば、当時のヘンケルの営業は、かつてP&Gにいた私から見れば、なんとも旧態依然としたものでした。とにかく卸に日参することが営業でした。もちろん卸は各小売店とつながっていますから、卸から小売店へと商品が流れていきます。

しかし、卸にだけ訪問していたのでは、小売りの最前線がわかりません。現場で何が求められているのかが、見えないのです。実際、P&G時代には、大手の小売りとは直接コミュニケーションを取っていました。

もちろん商流として卸は通しますし、コミュニケーションには同席してもらうことも多いのですが、ただ卸に「売ってください」とお願いするのではなく、小売りのニーズを理解して施策を合意した上で、施策を実行できるように卸に商品を流してもらうのです。

ところが、こういう営業が当時のヘンケルではまったくできていませんでした。行われていたのは、卸との人間関係づくりを頑張る営業です。いい人間関係ができると、月末や期末には無理を聞いてもらえるわけです。

少し数字が足りない時に、少し値引きして(条件を出す、と言います)、卸に大きな数量を購入してもらい、数字を作ることができる営業や支店長が、優秀な営業だとされていました。

当然ですが、ビジネスとして考えれば、卸が一生懸命販売するのは、売上つまりは販売リベートの額が大きなところです。額で勝負できない中小メーカーは、いい人間関係を築いていくしかない、というのは理解できます。しかし、これが本当に正しい営業なのかは疑問でした。

だから、私は営業の現場に赴き、営業のメンバーに対して、なぜ今のような営業スタイルなのか、と聞いて回りました。実は明確な理由はなく、そうやって教わったから、これが当たり前だから、という答えが大半でした。だから、なぜ、と聞かれて戸惑っていた人もいました。

営業のリストラと同時に、私は営業組織をドラスティックに変えました。人数的にすでに減っていたメンバーをさらに半分に分けて、一方は旧来型の卸担当、もう一方は小売店の担当というように、並列にしたのです。

ここで初めて、小売店専属の営業部隊を作ったのでした。この時に注意したのが、卸担当で圧倒的な実績を挙げていた福岡支店に在籍していたエース営業を、小売店の担当に持っていったことです。

これからはどういう営業を行っていくのか、何を重視しているのか、明確にわかるような人材配置にしたのです。もちろん、優秀な人材を部下から抜かれることになる卸担当の支店長たちは、相当反対しましたが、そこは譲りませんでした。

また、支店長の評価指標も変えました。卸担当の支店長の評価指標を、卸がいくら買ったのか（売上）ではなく、卸から小売りにいくら売れたのか（セルアウト）に変えたのです。そうすると、月末や期末になって卸との人間関係で無理に買ってもらう、なんてことはしなくなります。しても、まったく評価されないからです。

卸担当の支店長の役割が変わるのです。いかに小売りで売れるようにするか、を考えるようになります。それを考え、小売店の担当者と連携して実行できる人が、優れた支店長になるわけです。卸との人間関係で、期末に無理を聞いてもらえるのが優秀な卸担当の支店長、ではなくなるのです。

人事異動や評価指標というのはメッセージです。そして、社員はこういうことを、とてもよく見ていますし、その意図を瞬時に理解してくれます。人事異動や評価指標でメッセージを発すれば、どんな方針なのか、何を重視しているのかが明確になります。こうして小売りの最前線で売ることを考えられる営業が、育っていくようになったのです。

25

正しいことをする人を昇進させる

事件や緊急事態の時に、「人となり」が見える

ヘンケルで経営をしていて、率先して自ら組織を率いることができる人や周囲から信頼がある人は、何か事件が起きた時や緊急事態の時にこそ、明確に見えてくるということを学びました。

ある時、ヘアカラーのパッケージに表示間違いがあり、その間違いを訂正するために、**大阪の南港の倉庫に積み上がっている製品に、ひとつひとつステッカーを手貼りしなければならない、という事件が起きました。**40フィートのコンテナが6つ。ひとつに4万個の製品が入っているので、合計24万個です。

段ボールを開封し、ひとつひとつの製品を取り出し、税関を通すためのシールを貼って、

段ボールに戻して封をする、という気の遠くなるような作業です。

季節は真冬。港の倉庫ですから、暖房設備もありません。カイロを片手に、手を温めながら作業をしないといけない、という極寒状態です。

派遣会社にもスタッフ派遣を申し入れましたが、何しろ緊急だったので、派遣会社から来てもらえる人だけでは、とても足りません。大阪の営業からもたくさんの社員が応援に向かい、社長の私も加わりました。

それこそ社員総出でのステッカー貼りです。**ところが、そこを仕切っていたのは、物流の責任者でも、マーケティングの責任者でもなく、普段は目立たない財務の中堅社員でした。**緊急事態ということで、彼が率先して現場の陣頭指揮をとっていたのです。

彼に圧倒的な人望があることは、まわりとのやりとりを見ていれば自明でした。何より会社の緊急時に、自分の仕事でもないのに自ら率先し、部門を超えて社員が集まってきたステッカー貼りを指揮しているのです。

なるほど、彼は組織から信頼が厚い、ということがはっきり見て取れました。後でわかったことは、彼がかつての経営陣に煙たがられていたため、一度は東京本社に勤務していましたが、しばらくして大阪に戻されたということでした。学歴や見た目が、当時の経営陣が求めるものではなかった、ということもあったようです。

本当に仕事ができる人、社内から本当に信頼されている人を見分けるには、スキルとピープルの両方を見ていかなければいけないと、私は思っています。もちろんスキルがなければ、組織で上がっていくことは難しいでしょう。

しかし、その先に上がっていくのはどういう人なのかと言えば、ピープルとしての力がある人です。人間力、と言い換えてもいいかもしれません。

スキルではなく、人間力が高い人のもとでは、人が動くのです。だから、スキルも大事ですが、スキルだけの人材を引き上げていると、人が動かない組織が出来上がってしまいます。常に、スキルと同時にピープルの側面を見ること。パーソナリティーや人間力を見ることが必要なのです。

ただ、これはなかなか経営陣からは見えにくいのも事実でした。この時も、彼は大阪オフィスの、しかも私と直接の接点が少ない財務部門にいたこともあり、私は彼のことをよく知りませんでした。彼がリーゼントで番長風の風貌をしていたこともあり、高い役職があるわけでもないのに、これだけ人を動かしているのは、実は彼は会社の陰の番長なのかもしれない、とも思ったりしました。

後に私が実行するようになったのは、こういう人物を見分けるためにも、社員と飲んだりする時に、本当に中心にいるのが誰かを見極めることでした。

人には、上を見て仕事をする人と、正しいことをしようとする人の2つのパターンがあります。いや、この2パターンしかない、と言っていいかもしれません。そして、上の意図に従わず、正しいことをしようとすると、飛ばされてしまう組織、というのが存在するのです。かつてのヘンケルがまさにそうでした。実際、彼は社内でとても人望があったし、信頼があったにもかかわらず、本社から大阪支社に戻されていました。

こういうことを知らずに、トップが別の人を人事評価で上げてしまったりすると、多くの社員の信頼を損ないます。結果的にトップは損をすることになります。

上を見て仕事をして、なんでも上の言うことを聞く人はたくさんいますが、実は会社に求められているのは、ビジネスのために正しいことをする人です。正しいことをすることでしか、結果を生み出すことはできないからです。だから、会社はそういう人を求めないといけないし、見つけないといけません。そうでなければ、組織は動いていかないし、ビジネスの成果も出ないのです。

実のところ、自分が好きな人や、言うことを聞いてくれる人をまわりに集める、ということには私は興味がありません。**一緒に仕事をする時に、気持ちいい人や、言うことを聞いてくれる人を、むしろ集めてはいけないと思っています。**どちらかと言うと、自分に意見してくれる人を、揃えたほうがいいと考えています。

そうでなければ、議論にならないし、自分が間違っていても指摘してもらえません。会社のためにも、それが一番いいのです。私のことが好きであろうがなかろうが、正しいことができる人、正しい意見を言ってくれる人が一番大事なのです。たまたまヘンケルでは、私にズケズケ言う社員は私と同年代の女性が多かったこともあり、そんな女性社員たちにズバズバ言われてもニコニコ笑っている私は、ドMなのではないか、という噂が立ったくらいです。

その後、私は大阪南港の事件で活躍した社員を、日本のビューティーケア事業全体の財務責任者（CFO）に抜擢しました。社内では、驚きが広がったようです。ただ、正しいことをやる人、本当に人望がある人がきちんと上がることができる、というメッセージは、確実に社内に広がったと思います。

26

自分がいなくても回る組織を作る

「悪魔のサイクル」からの脱却を図る

情報をオープンにする文化がなかった、とは先に書いたことですが、同時にもうひとつ、当時のヘンケルにない文化がありました。それはレビュー、振り返りをする、という文化でした。

もちろん、一部のマネジメント層はある程度のレビューや分析をした情報を持っていたのかもしれませんが、社員には開示されていませんでしたし、社員にはレビューや振り返りは要求されていませんでした。

そしてもうひとつ、できていなかったのが、**全体観を持つこと**です。よくあることですが、思い通りに売れない理由を、営業は製品のせいにし、マーケティングは営業のせいにしていました。しかし、そんなことをやっていたところで、何も解決しません。**私は情報をオープンにし、毎月レビューしていく文化を作ると同時に、そもそも何が問題なのか、全体観を持って捉えてもらうことを考えました。**社内外へのインタビューによって、私は早い段階でひとつのチャートを作り、それを**「悪魔のサイクル」**と名付けていました。

サイクルの最初は、**「中途半端な新製品の過度の投入」**です。背景にあるのは、各方面からの新しい製品を出さなければいけないというプレッシャー、そして日本の市場・消費者についての不十分な理解、経営陣の一貫性の不足です。

業績を回復できるような、売れる新製品を一刻も早く出さなくては、というプレッシャーが、営業からも本国ドイツからも強かったことは想像に難くありません。売れて勝てる見込みのない新製品を出し続けてしまったのは、そんなプレッシャーからでした。

またグローバルなデザインをそのまま採用していたパッケージデザインに代表されていたように、日本の市場や消費者への理解も不十分でした。日本側から本国ドイツに対する発信が弱く、結果として日本側の意図と異なる商品開発が進んでしまった、というのが原因かもしれません。そして経営再建の途上であるのに、営業やサプライチェーン等、カギとなるポジションの責任者が、ある期間、不在という事態も起きていました。

こうして次の悪魔のサイクル、**「経営資源の分散／偏り」**が起きます。背景にあったのは、研究開発・マーケティング・営業の労力の拡散、新製品なのに不十分なサポート・投資、スピード重視で高コストの製品づくりでした。

顧客目線での商品開発力の弱さはパッケージをはじめ、さまざまなところに出ていました。マーケティングと営業間の連携も強くはなく、マーケティングからのサポート不足に対する不満も営業からは聞こえていました。

高いコスト体質は、そもそも国内工場での生産性の低さに起因していました。製品を競合より「高く作って、安く売る」ことが当たり前になっていました。それでは利益が出ないのは当然です。

次の悪魔のサイクルは、**「不十分な実施体制」**です。新製品発売のためのスケジュールは決して守られませんでしたし、営業支援の体制も不十分でした。過去からの体系的な学習も不足していました。営業体制を大きく変えたのは、月末や期末の押し込み営業ではなく、数カ月前から小売りへのセールスプラン（企画）を作り、実施し、結果をレビューしていく習慣を作っていくことも大きな目的でした。

そして最後の悪魔のサイクルが、**「売れない。利益が上がらない」**でした。そもそも店頭になかなか並ばないし、並べたけど（マーケティングサポートが弱くて）売れないわけです。仕方がないので、価格を下げて、収益を圧迫して、赤字になる、というわけです。

差別化のできる特徴ある商品がなかったこともあり、卸に押し込んで数字を作ってくるだけの営業が当たり前で、小売りの声が組織内にフィードバックされていませんでした。

この悪魔のサイクルが回っているうちは、顧客目線の商品は出てこない、と伝えました。結果として、営業現場での交渉材料は価格訴求「だけ」になります。強い商品ではないから、価格交渉では劣勢になり、競合の同等の商品より低い価格を提示せざるを得ません。こうして、収益が圧迫されていきます。

この悪魔のサイクルを断ち切る必要がありました。ただ、ここではメッセージの伝え方に注意しなければなりませんでした。「営業部が問題」「商品開発が問題」といった特定部門をピンポイントで問題視するようなことを言ったら、名指しされた部門の社員は即座に壁を作り、「そんなことはない」「現場は全力を挙げている」と防戦に出たはずです。

だから、**事業の「サイクル」に問題があると指摘しました。経営の「全体」を見せたのです**。これには、自分の仕事が自分の部門だけで閉じているわけではないことを理解してもらい、全体のつながりを意識してもらう狙いがありました。

そして、このサイクル全体に責任を負うのが、私でした。**最も責任を負うべきは経営者である自分だということです**。それも併せて、伝えました。

企業文化を変えるために「行動指針」を作る

事業の全体像を理解してもらうことには、もうひとつ、企業文化を変えていく、という狙いもありました。指示を待って動くのではなく、自ら主体的に動ける組織であり、もっと言えば、**経営者である私がいなくても回る組織を作っていくことが必要だと私は考えていました**。そのために取り組んだのが、企業文化づくりであり、行動指針でした。

入社してまず感じたのは、社内に全員共通の意識・行動＝企業文化がない、ということでした。会社の状況が厳しかったことで、リーダーが頻繁に変更になったり、重要なポジションが空席になったりしたこともありましたが、母体となった山発産業をはじめ、ヘンケルから来た人間やライオンからの出向者など、人員構成がバラバラだったことも大きかったと思います。

しかし、**企業文化は極めて重要です**。同じ考え方や価値観を持つ人が多ければ、圧倒的に仕事が進めやすくなります。そして外からは会社としての顔が見え、特徴のある会社になれます。

そこで私が提案したのが、「4つの行動規範」でした。企業文化と言うと、ビジョンやスローガンなどのメッセージを思い浮かべる人がいます。しかし、例えば「お客様第一主義」

成長

などという言葉を掲げたところで、企業文化は生まれません。それよりも重要なことは、「具体的な行動」です。それこそが、企業文化を作るのです。

私が提示した行動規範は、以下の4つでした。

1．共同体＝Ownership

個人主義に陥らず、自分が会社のオーナーという気持ちで日々の業務を行うこと。具体的な行動としては「(自分とは関係ない部署のことでも)見逃さない」「あきらめない」「自ら行動する」の3つを掲げました。

2．責任＝Commitment

会社とは組織です。各自が自分の仕事をきちんと行うことで組織は成り立ちます。「できない約束はしない」「約束したら必ず守る」「他責をしない（他部署のせいにしない）」を掲げました。

3．意見＝Opinion

多くの社員と話をして、自分で考えて意見を述べる機会を与えられていない、という印象を持ちました。「意見を言う」「代替案のない批判はしない」「自らが納得して行動する」を掲げました。

4. スピード＝Speed

小規模の会社が市場で勝つための要素のひとつが、意思決定のスピードです。大企業がいくつもの稟議を経ている間に仕掛けることができるのです。「電話・メールを問わず、48時間以内の回答」「すぐにできないなら、いつまでにできるか、の提示」「会議の徹底的な効率化」を掲げました。

スピードを追求する一方で、「重要だが緊急ではないことに、毎日一定の時間をあてる」ことも求めました。中長期的に強い会社になろうとすれば、目の前の火消し作業だけではなく、緊急ではないが重要なことに目を向けて、未来の種をまいていくことも必要です。

実は、ほぼすべての行動規範には「悪い例」もつけました。「何をしてはいけないのか」が明らかにされていれば、望ましくない行動を消し去ることができるからです。

先に2つのニッチなカテゴリーにフォーカスしたという戦略について紹介しましたが、重要なことは成功体験です。やってみて、成功して、レビューをして、さらに改善しながら前進する、という経験です。

2つのニッチなカテゴリーでの成功は、社員に広がるムードを明らかに変えました。そして、次に何をすればいいのか、も見えました。自分たちの持っているもので、勝てるところで勝負する、ということです。営業体制も変わり、最前線で何が求められているのかも、見えてくるようになりました。「悪魔のサイクル」が変わり始めたのです。

組織というのは面白いもので、一度勝ちパターンをつかむと、自然にいいサイクルに変わっていきます。そして、行動指針がここで効いてきます。自分たちで考えるようになっていったのです。

ブリーチでの成功のノウハウを活かして男性黒髪用へアカラーという新しいカテゴリー進出に成功すると、次は本丸の女性用へアカラーに向かいました。アラフォー向けという、これまでにないターゲット設定と、松田聖子さんをキャラクターに起用したキャンペーンで、新商品は大ヒットすることになります。

なんと初日から欠品するという、会社初、前代未聞の記録も作ることになりました。利益率も、3年目にはヘンケルのビューティーケア事業と同等の二桁を達成しました。ちなみにこの時、私はもう、いわゆるリテール事業からは離れていました。

私がいなくても、どんどん回っていき、進化していったからです。私はヘンケルに入社して3年目からは、新しいチャレンジに向かっていました。

27

良いことには社員は一生懸命になる

モラル改革から始める

2004年、最初に就任したヘンケルのヘアケア事業のリテール部門の責任者として2年で黒字化を達成し、3年目にはその後の道筋もある程度、見えてきました。成功体験を積み、そこから学び、それが続くと組織に自信がつきます。

自信がつくと、いろんなことを、自分から考えるようになります。結局、こうやれば成功する、というヒントがつかめていなかっただけなのです。後の日本マクドナルドもそうですが、やってみて成功して、皆がその方向ややり方を理解すれば、私がいなくても回り始めるのです。そこで私は、さらなるチャレンジを会社に要望しました。

ビューティーケア事業には、リテール部門の他にもうひとつ、業務用のプロフェッショョナル部門がありました。私はその部門の責任者も兼任したいと直訴しました。「欲しい仕事は自ら取りに行く」を、この時も実践したのです。

リテールに加えてプロフェッショナル事業を担当することになり、仕事は倍になっても給与はほとんど変わりません。前任者が使っていた、タバコ臭い社用車を引き継がせてもらったくらいです。

それでも、今までにない新しい経験と、**ヘンケルでリテールとプロフェッショナルを同じ責任者がやるという世界初の体制を自分で実践したいと考えました。**それを、本社はOKしてくれました。

プロフェッショナル事業は赤字ではありませんでしたが、かろうじて黒字、というレベルでした。それまでの成長率は、ヘアカラーの流行による市場拡大と同等でした。つまり、売上は増えているように見えても、実は市場シェアは伸びていませんでした。今後の成長には、大きな課題があったのです。

また、プロフェッショナル商品は粗利が高いはずなのに、最終的な収益性は決して高くなかったため、収益性の改善が大きな課題でした。市場環境としては、ウエラ、ロレアルに次ぐ、外資系3番手がヘンケル（シュワルツコフ）でした。

責任者に就任した時、真っ先に行ったのは、コンサル時代、そしてリテール部門の責任者に就いた時と同じ、社内外の声に耳を傾けることでした。最初の1カ月で事業の課題や機会についての仮説を作り、それをさらに2カ月かけてある程度の計画にしました。

ただ、新製品の開発にはドイツ本社もからんできますし、数年もの長い時間がかかります。そこで、製品開発とかではなく、ドイツ本社にからまずに進められる「すぐにできること」から差別化の方向性を打ち出すことになります。

社内外の声に耳を傾けていった時、大きな問題点に直面しました。営業の規律やモラルに大きな問題があったのです。これを変えていくことが必須だと私は判断しました。

象徴的だったのは、内外の関係者で認識に大きなギャップがあったことです。当時、「プロフェッショナル部門（シュワルツコフ プロフェッショナル）の強みは？」という質問を社内にぶつけると、「（ヘアカラー等の）商品力」「サロンに対する教育力」「（エッセンシャル・ルックスという）トレンド発信力」などの答えが返ってきました。

ところが、同じ質問を顧客であるサロンやディーラーにすると、答えはまったく違っていたのです。「値引き」「接待（飲み食い）」「海外研修旅行」……。

しかも、社内での経費の使い込みやカラ出張、男女関係の問題も発覚しました。あるヘアサロンのお客様からは、私に直接、「おたくの社員がうちの娘に手を出した」というクレームの電話がきたくらいです。

何かを始める前に、人事と一緒にまるで探偵のような仕事をしながら問題を洗い出し、社内モラルの改革、正確にはモラル違反のスタッフの粛清を実行していきました。

CSRによって、社員は正しいことをするようになる

モラルを変えていくことと同時に、社内の空気を変えていくことが重要だと考えました。先にも書いたように、新製品の開発には時間がかかります。すぐできることをやるべきだと思ったのです。

こうしてスタートしたのが、**CSR（社会的貢献）の推進と、サロンの教育チームを活用したサロンとの直接の接点づくりでした。**

CSR推進の狙いは、それを打ち出すことによって、「この会社は良い会社だ」ということを社内外に浸透させていくことでした。CSRを打ち出すのは、当時の日本ではまだ珍しかったと思います。企業として社会貢献をすることはもちろん大切なことですが、それは社内の空気を変えることにもつながっていくのです。

実際、「自分たちの会社は良いことをしている会社だ」という認識を社員が持つと、**「良いことをしている会社に勤めている自分は、悪いことはできない」という認識になります。**同時にモラルの改革をしていきましたから、より効果は大きくなりました。接待で売って

いくような会社はダメだ、という理解をしてほしかったのです。

当時、ヨーロッパではすでにCSRの打ち出しが進んでおり、ヘンケルの本社でもCSRに積極的に取り組んでいました。これは日本での差別化として使える、と考えました。

例えば、ピンクリボン（乳ガンの早期発見の啓蒙運動）をパッケージ前面に出したヘアケア製品を発売しました。製品の購入ごとに、ピンクリボン運動に寄付がされる仕組みでした。製品はそのままでパッケージを変えるだけですから、ドイツ本社に承認を取る必要はありません。

また、ヘアカラーの使用済みキャップ（競合製品も含めた）を集めてリサイクルし、その費用で植林をする「COLOR the EARTH」という名前の活動も開始しました。

後には新製品ヘアケアの発売時に、日本で初めて、購入量に応じて日本の二酸化炭素排出権を獲得し、製品を購入したサロンには、日本の二酸化炭素排出権の獲得に貢献して頂いたという、サロン内に飾れる証明書を発行しました。

最も大きな反響を得たのは、カンボジアのストリートチルドレンを集めた施設に日本の美容師さんを派遣して、ヘアカットの技術を教え、将来的な独り立ちを助ける運動、「未来をつなぐ夢はさみ」でした。

日本の美容師のみなさんは、その優れた技術力で何かに貢献したいという気持ちを強くお持ちです。その場所を私たちが作ってあげる、というわけです。実際、カンボジアの子どもたちは、目をキラキラさせて喜んでくれました。これには活動に参加してカンボジアを訪れてくれた美容師さんたちも感動してくれて、大変な支持を得ました。毎年、多くの美容師さんがカンボジアに行ってくれました。しかも、自腹で、です。

この活動は後に、「Shaping Futures」という名前で、ヘンケルのビューティーケア事業のプロフェッショナル部門、シュワルツコフ プロフェッショナルが、グローバルで行う活動に拡大しました。

モラルが低かったところから、こうした活動を矢継ぎ早に行うことで、「我々は良いことをしている会社だ」という認識が社内に広がり、会社にふさわしい「正しい」行動をするようになってくれると思っていましたが、本当にそうでした。

社外的にも、ＣＳＲに一生懸命というイメージが広がりました。社会貢献活動で、ほとんど費用をかけずに社内外のイメージ刷新に成功したのです。

28

上にお伺いを立てる必要はない

成長

営業現場の本当の姿がわかったからこそ

ヘンケルのプロフェッショナル部門、シュワルツコフ プロフェッショナルでは、CSRと並んでもうひとつ、普通の営業ではなく、ヘアサロンの教育チームを活用した、ヘアサロンとの直接の接点づくりを始めました。

社内外でインタビューしていく中で、私は興味深い話を聞いていました。プロフェッショナル部門の製品をヘアサロンに納めているのは、もちろん卸です。そして私たちが卸に期待しているのは、少しでも多くの自社製品をヘアサロンに販売してもらうことです。

だから、卸に対して一生懸命、製品についての説明をします。**ところが、ヘアサロンでの営業の第一線がどうなっているのかと聞いてみると、実はヘアサロンが「これが欲しい」と言う製品を、卸は基本的に持っていっているだけだったのです。**

卸がヘアサロンに特定のメーカーの製品を売り込んだりすることはあまりない、とヘアサロンから聞きました。新製品の案内はするかもしれませんが、積極的には売り込まないのです。なぜかと言うと、提案してもヘアサロンが気に入らなかったら返品されてしまいますし、何しろメーカーは星の数ほどあるので、どこかのメーカーだけを担ぐわけにもいかないのです。もし強く提案した商品がヘアサロンに好評ではなかったら、自分たちの責任になりかねないので、ヘアサロンから言われたものを納めていたほうが安全なのです。
これは、実際に卸やヘアサロンの人たちの声に耳を傾けたからこそ、わかったことでした。それなら単純に、ヘアサロンと直接の接点を作って、コミュニケーションすればいいと考えたのです。ヘアサロンに使う商品の意思決定をしてもらって、卸に注文してもらえばいいのです。

当時のシュワルツコフ プロフェッショナルは外資系で3位。チャレンジャーでしたから、攻めないといけませんでした。しかも、製品で何かやるには時間がかかります。画期的な新製品はしばらく出ないとなると、製品では接点が作れません。

そこで、すでに存在していたヘアサロンの教育チームという組織を使って、製品以外の接点、シュワルツコフ プロフェッショナルをより理解してもらえる接点を増やしていこうと考えたのです。

ここで使ったのが、当時の最先端だったITやSNSです。プレイステーション2を開発した最先端のチームと、ヘアカットの前に仕上がりを美容師と顧客で確認できる画期的なシミュレーションソフトを開発しました。

ヘアサロンにとって顧客からの最大のクレームは、仕上がりが思ったイメージと違う、というものです。このシミュレーションソフトは、仕上がりのイメージをカットする前に顧客とスタイリストで確認することで、そのクレームを減らすことができるものでした。

しかし、まだタブレットが発売される前の時代だったので、ソフトを使うにはパソコンを使わなければなりませんでした。当時はまだまだパソコンは高価で、さらにネット環境も未発達だったことで、このプロジェクトは失敗しました。

ただ、私はあきらめませんでした。

伺いを立てても、責任を取るのは自分

次に、当時広まりつつあったフェイスブックのページを、ヘアサロン自らが開設・運用できるシステムを開発しました。これを当時の取引先サロンを中心に販売し、美容業界で、SNSに最も詳しいメーカーとしての地位を確立しました。

また、黎明期だったLINEの美容業界における唯一の代理店となり、ヘアサロンに対して、お客様との直接のやりとりができるプラットフォームを提供しました。

こうした売り物を持っていると、ヘアサロン向けにセミナーを開いたりして、直接の接点を持つことができます。シュワルツコフ プロフェッショナルを知ってもらう機会になるということです。

その他、サンリオのハローキティがパッケージ前面についたヘアケア製品を販売するな

ど、世界に先駆けた独自の施策を数多く展開しました。

そして、トップの私自身が営業の前面に出て行きました。当時の美容業界では、主要なメーカーの経営トップはみな60歳以上でした。その中で、40歳前後という私は異色の存在だったこともあり、この立場を最大限に活用しました。私が有名ヘアサロンの美容師さんたちに「飲みに行きましょう」と誘うと、興味本位からか、来てくれることが多かったのです。

個人でつながってしまえば、これ以上に強いものはありません。そもそも美容師の世界がそうです。ヘアサロンの顧客は、なぜ同じ美容師さんを指名するのかと考えると、もちろん、技術や自分の髪質や好みを知っていることへの信頼もありますが、究極的には、私は顧客が美容師さんを喜ばせに来るのだと考えていました。

指名してもらえれば、美容師さんはうれしいですよね。まさに個人のつながりです。この個人のつながりこそが、最も強いものなのです。これは、メーカーとヘアサロンも同じだと思いました。

たくさんの美容師さんたちと飲みに行きました。もちろん、先にも書いたように、私は記憶に残るような飲み会をします。普通の接待とか会食とは、ひと味もふた味も違う、忘れられない飲み会です。何しろ、社長自らこれを実践するので、相当インパクトがあったと思います。実際、そんなふうによく言われました。

ヘンケルの日本のプロフェッショナル部門は、就任当初の2007年には社内の売上ランキングで世界6位でした。しかし、2010年には世界トップに躍進し、収益性も大きく改善しました。

そしてこの時期、**ビジネスにおいて正しいと信じることは、自分の権限内ならば、上の承認を取らずに勝手にやる、というスタイルを確立することになります**。

ヘンケルのリテール部門は瀕死の状態でしたから、自分が正しいと考えることを矢継ぎ早にどんどんやっていき、それがうまくいきました。プロフェッショナル部門も同様に、できることからどんどんやっていきました。

結果が出れば、文句を言う人はいません。経営者に求められているのは、結果だからです。自分が結果が出ると思えば、どんどんやればいいのです。

上にお伺いを立ててOKをもらったとしても、経営者ですから、失敗したら責任は自分が取らなければならない、ということは忘れてはいけません。上司や本社が責任を取ってくれるわけではないのです。

どのみち、責任は自分が取るのです。それなら、最初からお伺いなど立てずに、自分の権限内でどんどん進めたほうがいいのです。

29 一生懸命さは、言葉がなくても伝わる

どこでも必ず優秀な社員はいる

Ｐ＆Ｇで教わった「最も重要なことは下を育てること」という意識は、ヘンケルで働いている時も、ずっと持っていました。経営者になって感じたことは、**「経営の最も重要な仕事は自分がいなくても回る組織を作ること」**でした。これは、後に私の信念になります。

自分がいなくなったあとの継続性を考慮し、ヘンケルではリテール部門でも、プロフェッショナル部門でも、改革はそれまで在籍していたメンバーを中心に実行して行きました。後に外部から何人か呼ぶことになりますが、それは私が事業から離れることが決まってから、でした。

外資系企業のトップ交代と言うと、昔の仲間を引きつれて乗り込む、というイメージを

持っている方も少なくないと思いますが、私の場合、ヘンケルでも、後の日本マクドナルドでも、行った時はまさに修羅場でした。

もちろん高い給与も望めませんし、とてもではないですが、かつての同僚や部下を誘うことはできませんでした。私は、修羅場を求めて行っていますが、誰もが修羅場好きではないですから、知り合いを安易に引き込むわけにはいきません。すでに在籍している社員だけで、なんとかするしかなかったのです。

ただ、ヘンケル時代に改めて気づいたのは、**どこにでも必ず優秀な社員はいる、ということでした**。リテール部門の時代、こいつらはできるなぁ、と思ったのは、元ヤンキーの連中でした。たしかに鼻っ柱の強さは雰囲気にも出ていますが、何より元ヤンキーなので、負けず嫌いなわけです。

学歴などものともせず、とにかく頑張るし、結果を出すのです。こういう社員によって、日本の中堅企業は支えられているのかもしれない、と思いました。

とにかく修羅場の連続だったヘンケル時代でしたが、こんな信念も持つことになります。

「仕事は、シミュレーション・ゲームだ」

どんな大変な状況でも、壮大なシュミレーション・ゲームをしていると思えば、面白くて没頭できるし、ストレスもありません。

コンサル時代は、提案したことを自分で実行できないもどかしさがありました。しかし、事業会社では、自分で決めて、実行して、すぐに結果が出るわけです。これは、シミュレーション・ゲームそのものだ、と思いました。しかも、お金（給与）をもらって、人のお金（資金）でゲームができるのです。こんなすごいことはないし、楽しまなくてはならない、と思いました。

もちろん、いろんな失敗もしました。先に紹介したヘアサロン向けのシミュレーションソフトでは、時期尚早で数千万円の赤字を出しました。そういう時は、素直に失敗を認めて、謝ることです。

そもそも神様ではないのですから、失敗することは珍しいことではありません。こんなものだ、と思っていました。**どんな失敗をしても、全体として期待値を超えていればいい、と腹をくくっていました。**

ヘンケルのリテール部門やプロフェッショナル部門で社長や責任者を務めるようになって、いくつかインタビューを受けるようになりました。それがきっかけで定めるようになったのが、座右の銘です。

「プライド、スピード、パッション」

自分の名前（ブランド）にプライドを持ち、絶対に結果を出すのが「プライド」です。決断も行動も速く、やりながら考えるのが「スピード」で、情熱をまき散らしながら仕事をするのが「パッション」、という意味です。

これ以来、座右の銘を聞かれると、こう答えています。実際、絶対に負けないというプライドがあるし、何をやらせてもパッパッパッパッと進めていくし、まわりもどんどん情熱で巻き込んでいきます。その意味で、自分らしいな、と思ってずっと使っています。

「パッション」という意味では、日本マクドナルドにいた時は、マクドナルドのTシャツを着て、携帯にはマクドナルドのスマホカバーをつけて、着信音はマクドナルドのポテトが揚がった音で、会う人にはマクドナルドのポテト券を配って、週に10回はマクドナルドで食べて、それを自分のSNSでアップしていました。人はこれを、私の愛社精神が強いと理解したようですが、自分からすれば、マクドナルドのビジネスをなんとかしたい、という情熱と使命感を全身で表現していたのです。

また、それまで誰がやっても成功しなかった事業や企業を、自分が行って見事に再建するという「自分としての痛快感」に味をしめたのも、ヘンケル時代です。これが、日本マクドナルドへとつながっていくのです。

最終的には、企業は人。同じ店でも売上は変わる

２０１０年に、日本のプロフェッショナル部門がヘンケルの世界ランキングでトップになると、私はまたやることがなくなってしまいました。余裕ができたので、**会社に「違うことをやらせてくれ」とまた直訴しました**。

それで任されたのが、アジアです。２０１１年からはヘンケルのビューティーケア事業全部（リテールとプロフェッショナルの両方）の北東・東南アジアの責任者になりました。アジアから、中国と台湾、香港を除いた、すべての国の担当です。

課題は大きく３つありました。**まずは赤字だったこと**。それを黒字化する必要がありました。韓国では、新規に事業を立ち上げる必要がありました。

２つ目は、**それぞれの国で販売している商品カテゴリーがまったく違ったこと**でした。同じ会社の同じ事業のはずなのに、石鹸がメインの国もあれば、スタイリング剤がメインの国もありました。事業展開の効率化や、成功例の横展開を可能にするためにも、各国で展開する商品カテゴリーやブランドを、すり合わせていく必要がありました。

３つ目は、**不正が多かったこと**です。タイでの在庫に関わる不正の一掃などの改革、ベトナムでの利権のからんだ流通改革（後に、結果的には撤退）などを手がけました。

現地の社員や顧客からも話を聞きましたが、私は英語はできても現地語はできません。また、何しろたくさんの国の責任を抱えているので、私がどこかの国だけに常駐して改革を率いるわけにはいきません。それにもかかわらず、各国を率いる人材がまったく揃っていなかったので、私の最も重要な最初の仕事は、私の代わりに各国のトップになれる人を探すことでした。

他の拠点から優秀な人材を送り込んだことも、現地で採用を推し進めたこともあります。国の責任者（カントリーマネージャー）クラスだと、**国を知っていること、会社を知っていること、商品カテゴリーを知っていること、という3つのうち2つが必須だ**と考えていたので、このうち少なくとも2つを持っている人を採用するようにしました。

ヘンケルの他の国から異動してもらう場合は、すでに会社（ヘンケル）を知っていて、ビューティーケアというカテゴリーを知っている、ということになります。国は知らないわけですが、2つあればなんとかなります。

最終的には、企業は人です。マクドナルドでも、店長が違えば同じ店でも売上は変わります。いかにいい人材を責任者に据えることができるか、ということこそが、実は自分が直接手を下さない状況では、最大のカギかもしれません。

実際、韓国のヘンケルで、優秀だなと感じてビューティーケア事業の第1号社員として採用した女性は、私の退社後にグローバルで認められて、ドイツに赴任しました。

アジアの仕事で感じたことは、世界は多様だ、ということです。しかし、プライド、スピード、パッションは世界共通です。むしろ感じたのは、P&Gの韓国駐在の時に感じたように、**日本の経営者や日本の若者の危機感のなさでした**。

アジアの人たちは本当に優秀です。パッションも、スピード感も、日本の若者とは段違いです。世界には、こんなに優秀な人がいるのだ、と多くの人に知ってほしいと思っています。

そしてもうひとつ、**大切なことは、人間としての信頼です**。お互いに信頼できないと、組織としてうまくいかないのは自明です。海外の場合、韓国や台湾、中国を除くと、私が得意とするところの激しい飲み会は、まずありません。東南アジアは車で出勤している社員も多いですし、子育てをしている女性のマネジメントも多いので、そもそも飲み会ができません。忘れられない思い出が作れないのです。

それこそ個人的な信頼を作る機会は、普段の仕事の接点とランチくらいしかありません。そこで一番大切なことは、情熱、一生懸命さです。国が違っても、言葉がわからなくても、なんとなく、この人はこの仕事に情熱をかけて、一生懸命にやっている、ということは伝わるものです。

２００４年からリテール部門、プロフェッショナル部門、アジアとヘンケルで仕事をし、とても充実した日々を送ることができました。しかし、これ以上ヘンケルにいても、新しい経験は少ないと判断しました。それが、転職のきっかけになります。

自分の成長のために、同じ仕事を3年以上やってはいけない、という価値観も、この時期に確立されたものです。ヘンケルには約10年在籍しましたが、最初の３年はリテール部門の再建、次の４年はプロフェッショナル部門の改革、最後の３年はアジアの立ち上げと、数年ごとにまったく別の仕事をしました。いろんな事業・国で経営者として多様な課題（修羅場）に向き合うことで、経営者としての私のベースになる経験ができました。

私が辞めると伝えた後、私の後任の採用が難しかったこともあり、なんと会社から「後任を見つけてきて欲しい」と依頼されました。結局、私はＰ＆Ｇのネットワークから、自分の後任候補を会社に紹介し、採用されることになります。その後任の人に、「私は辞めるんだけど、私の後任、やりません？」と切り出した時の、びっくりした表情は、今でも忘れることができません。

そして私は、**初めての日本企業を経験することになります。**

第４章

マネジメントには「意志」がいる

ワールドで学んだ「意思決定と戦略」

30 肩書きやポジションは、こだわる意味がない

社長でないほうが、やるべき仕事に集中できる

外資系コンサルティング会社のローランド・ベルガー時代、一緒に仕事をしていた方に、水留浩一さんがいます。ローランド・ベルガーの日本代表、再生中だった日本航空の副社長を務めた後、大手アパレルメーカーのワールドの常務取締役に名を連ねていました（現在はあきんどスシローの社長を務めていらっしゃいます）。

私はP&Gでも、ブーズ・アレンでも、ローランド・ベルガーでも、辞めた後に自分から人をネットワークしてOB会を開いたり、思いついた時にかつての仲間に会ったりしてきましたが、そうした中で、水留さんから**「ワールドで海外事業を手がける人間を探している。来ないか」**と誘いを受けたのでした。

ヘンケルに10年いて、当時は北東・東南アジアのビューティーケア事業の責任者でしたが、何か新しいことがやりたいと思っていました。また、長く外資系で仕事をして、日本企業で働いてみたい、という気持ちにもなっていました。これまで培ってきた力で、日本に貢献してみたいと考えるようになっていたのです。

そんなタイミングということもあり、「では、行きます」ということになったのでした。即決できたのには、3つの理由があります。まずは、アパレルは私がまだやったことのない業界だったので、新しい学びがたくさんある、と考えました。

もうひとつが、**当時のワールドが業績悪化に苦しんでいたことです**。しかも担当の海外事業は、進出して30年ほど経っていましたが、大幅な赤字に苦しんでいました。ヘンケル時代にそれまで誰がやっても成功しなかった事業や企業に自分が行って見事に再建するという「自分としての痛快感」に味をしめていた自分は、これはやりがいがある、と思いました。

そしてもうひとつが、水留さんを知っていたことです。マネジメント層に私のことを知っている方がいるというのは、何かとやりやすいと思いました。私がどんな人なのか理解してもらえている、バックアップがいるということです。ただ、水留さんは事情により、私の入社後半年ほどでいなくなってしまうのですが。

私の肩書きは、海外事業本部長でした。 ヘンケルでは社長、会長と務めていましたので、そこから海外事業本部長というのは、驚かれる方もいました。

ただ、私は肩書きにはまったくこだわりはありませんでした。ヘンケル時代も、私は肩書きはまったく気にしていませんでした。実際、北東・東南アジアの責任者になった時は、日本の子会社の会長を辞して、韓国のヘンケルの副社長となり、韓国に本拠地を移しています。重要なことは、何をするか、何をやりたいかであって、肩書きで仕事をするわけではありません。

今でも「日本マクドナルドではナンバー3だったので、次は社長ですね」などと問われることがあるのですが、私はそんなことはまったく興味がありません。

実は社長の仕事には、プラスもあればマイナスもある、と考えています。社長の良いところは、すべて自分で決められるということです。これはもちろんプラスです。

一方で、社長には、いろんな雑務があります。会議もたくさんあるし、業界団体にも行かないといけないし、顔見せでイベントに出ないといけないこともあるでしょう。社内でパワハラやセクハラが起きた、となると社長の出番です。社長でないとできない仕事があるのです。

これが社長でなくなると、このような雑務からはほとんど解放されるので、ビジネスを伸ばすことだけに特化できます。だから日本マクドナルドの時がそうでしたが、まさに売上と利益を上げる仕事に集中できたのです。

ワールドは2005年に経営陣によるMBOで上場を廃止していました。それから約10年経っていましたが、巨額の赤字を計上していました。これでは、再上場したくても株価がつかないので、きちんと利益を出して成長軌道に乗せて、できれば再上場したい、というタイミングでした。

当時のワールドが苦しんでいた理由は、私なりに分析していました。業績が悪化する前、ワールドには自分たちなりの勝ちパターンがあったわけです。それは、人がたくさんいるところに出店する、ということです。しかし、**時代の変化とともに、それまでの勝ちパターンが通用しなくなっていったのです。**

社内では「ブランド」という言葉が飛び交っていましたが、ワールドでの「ブランド」は、私がそれまで学んできた「ブランド」とはずいぶん違うものでした。ブランドというのは、ただの商品名ではなく、**消費者がそれ自体に意味や価値を感じていて、ブランドでないものより高いお金を払ってもらえるもののこと**、というのが私の理解でした。または、そういう存在になるように努力していくことです。端的に、当時のワールドには100近い「ブランド」がありながら、消費者にとっての意味や、高い付加価値を持つ「ブランド」

は、数えるほどしかありませんでした。

それでもビジネスを伸ばすことができた勝ちパターンというのは、百貨店など、人がたくさん来るところに出店していたことです。自分でお客様を呼ばなくても、百貨店が集客をしてくれたし、実際、当時の百貨店には人が集まってきていました。

そんな中で、百貨店などの集客力が落ちてくると、出店しているワールドの店舗にも人が来なくなります。それなら、と郊外のショッピングモールに出店していくと、ユニクロなどの低価格なブランドと勝負しないといけないので、百貨店と比べて単価が下がります。百貨店での販売が中心だったワールドに、モールで勝負できるような低価格で高品質な商品を作るのは簡単ではなかったし、かつ作ったとしても、それまでお客様を呼べるような「ブランド」づくりの経験が少なかったので、店舗になかなか人を呼ぶことができなかった、というわけです。

要するに、昔の勝ちパターンが通用しなくなったにもかかわらず、自分たちで魅力的な「ブランド」を多く作れなかったので、売上が上がらず、収益性も悪くなっていったというのが、ワールドが当時苦戦していたことに対する私の見解です。

31
うまくいっていないなら変えないといけない

コストを下げられない要因に気づく

赤字企業から脱却するために、当時のワールドでは大規模なリストラが計画されていました。1800人の従業員のうち、500人を削減するという大がかりなものでした。

私のミッションは、このリストラのお手伝いもありましたが、何よりも海外事業の黒字化でした。ワールドは、海外事業も苦戦していました。

台湾、香港、韓国に出店し、中国とカンボジアへの進出も決まっていました。なぜ、中国、カンボジアだったのかと言えば、流通大手のイオンが進出したからです。私が入る前の意思決定でしたが、最大手の顧客であるイオンに誘われたこともあり、断れなかったのだと私は判断しました。

ワールドの海外事業で最初に驚いたのは、いろいろな理由があったにしろ、外から来た私からすると、理解に苦しむような商品の調達をしていたことです。例えば、中国で販売するとなれば、普通に考えれば中国で調達すればいいわけですが、必ずしもそうではありませんでした。ワールドはもちろん中国で生産もしていましたが、当時は、そこで作った製品を一度日本に輸出して、再び中国に輸入する仕組みになっていたのです。

日本の「ブランド」を作るために、こうしたサプライチェーンを維持しなければならないということでしたが、私はなかなかその意味を理解できなくて、何回も聞き直したのを今でも覚えています。

中国に関して言えば、赤字になっている理由は3つあると分析していました。ひとつは、**現地のお客様に受けるような商品が作れていなかったこと**です。当時の中国事業の規模がオリジナル商品を調達するには小さすぎたこともありますが、現地のことをしっかり考えた商品というより、基本的に日本のブランドや商品をそのまま展開していました。

2つ目は、**コストが圧倒的に高かったこと**です。当然だと思いました。せっかく中国で作っているのに、それを日本に送って、また中国に送るようなことをしているからです。結果として、販売価格も相当高くならざるを得ませんでした。

そして3つ目が、**生産・調達に課題があったこと**です。ワールドは、生産・調達の多くを商社にアウトソースしていました。自社工場も持ってはいましたが、SPAの大手であるユニクロやZARAに比べれば圧倒的に少なかったのが事実で、多くは商社を介した委託工場で生産していました。

要は、生産に関する自分たちの独自のノウハウが少なかったのです。自社工場で生産するとか、委託工場で生産するにしても詳細にまで入っていかないと、いいものを作ったり、コストダウンするなどのノウハウが蓄積していかないので、当然、高品質で低価格の商品は、なかなか生まれてきません。それまでは百貨店が主流チャネルだったので、高価格・小ロットの生産でも大丈夫でしたが、それだとモールなどの競合とはなかなか戦えません。

あくまで私見ですが、**コストを下げるのは、基本的に直営工場か、直営に準ずるくらいに詳細にまで入り込んだ委託工場でなければ、なかなか難しい**と思います。垂直統合することで、コストダウンはより大きなものになっていくからです。そのためには、工場を持たないといけないし、直営工場(または緊密な関係のある委託工場)なので、基本的には生産したものをすべて買い上げないといけません。

となれば、それなりの規模が必要になります。圧倒的な量があるユニクロやZARAには、その戦いでは勝ち目がないのですが、かといって高価格・小ロットで勝負できるような高付加価値のブランドを数多く作ることもできていなかった、というわけです。

理由は複合的にからまっていました。ただ、端的に言えば、競争環境が大きく変わっていたにもかかわらず、海外においてもビジネスモデルが古かったということが、ワールドの海外事業がそれまで停滞して赤字を続けていた理由です。

実際、台湾や韓国でも、ワールドのブランドはほぼすべての店舗が百貨店に出店していました。日本とまったく同じモデルです。それらの国でも百貨店の勢いが落ち始めていたこと、また商品の多くを日本から調達していたこともあり、販売価格が高くなってしまい、なかなか量が売れるようなブランドにならなかった、というわけです。

赤字から黒字化に向かうために必要なことは、先にも書いた通り、2つしかありません。売上を伸ばすか、コストを減らすか、です。前者が短期的には難しい中で、まずできたことは、当時ワールドの海外事業で最大の市場だった韓国と台湾を中心にコストを削減することでした。要は、**不採算店舗の閉鎖**などです。損益計算書を見れば、数百もある店舗のうち、どこが儲かっていて、どこが儲かっていないのかはすぐにわかります。

その中から儲かっていない店舗の理由を聞いて、閉める閉めないの判断をして、閉めていきます。店舗を閉めるとなると、そこで働いていた店舗スタッフのリストラも必要になるので、説明し、納得してもらうという活動を、粛々と推し進めました。

意見を言わないように訓練されている

注意をしたのは、**一律でコストをカットしていくのではなく、どこを伸ばすために、どこを閉めるのか、はっきり決めること**です。私は当時、将来的な成長の可能性のあった韓国と香港にフォーカスしました（残念ながら香港は私の退社後、撤退してしまいましたが）。コスト削減のために、日本からの輸入品を減らして、商品の現地調達に切り替えました。

海外でアパレルのようなリテールの事業を成功させるポイントは、商品やブランド以外に3つあると私は考えていました。場所と採用と広報です。

場所というのは、いい店舗の立地を、いい条件で押さえることです。採用というのは、各国の店舗や本社で、現地の優秀な人材を採用することです。またトレンドを扱うアパレルであり、マーケティング費用も限られているので、メディアにトレンドとして取り上げてもらえるような広報がとても重要です。ところが、残念ながら、当時のワールドの海外現地法人は、この3つとも、どれも満足にできているとは言えませんでした。

規模が小さくて知名度が高くないブランドでは、地元資本や大企業に負けて、いい場所に出店できることはまずありません。日本企業とはいえ、ブランドが知られていない、高給を払うこともできない小さな企業に、優秀な人が来る理由もありませんから、いい人材もなかなか採れません。何しろ少人数でビジネスを回しているのと、各国の責任者が日本人だったこともあり、地元のメディアとのコネクションは限定的で、メディアへのＰＲ露出は強いとはとても言えない状況でした。

そこで、この３つの課題をいっぺんに解決するために私が考えたのが、**地元の企業と組んで、合弁会社にすることでした。**その後、合弁だけではなく、ある国では売却も含めたＭ＆Ａ交渉を推し進めていきます。

そして売上を上げるためのポジティブな取り組みとして、私が動いたのが、タイへの出店でした。タイは、暑い国であるにもかかわらず、おしゃれな人がたくさんいる市場です。特に、タイのショッピングモールなどに行けばわかりますが、おしゃれな男性が多いこともあり、男性用のアパレル市場はとても活気があります。

これはいい、と感じて、日本から展開できそうなブランドを考えたところ、いくつかの候補の中から選ばれたのが「タケオ・キクチ」でした。そこで、合弁企業を作って出店するために、地元の企業と交渉を始めました。この交渉は成立し、私がワールドを退職した約１年後には、実際にバンコクに出店し、今では数店舗にまで拡大しています。

私が入社する前にすでに出店が決まっていた中国とカンボジアに関しては、何をどう計算しても儲からないし勝ち目が薄いと考えていましたが、こちらはすでに会社として決定したことなので、粛々と前向きにやることにしました。

すでにコンサルタント時代に他の日本企業を経験していたため、ある程度予想はしていましたが、初めて働く日本企業には、私が知っていた外資系企業とは、**大きな働き方の違いが3つほどありました**。まず、**社員が意見を言わないように訓練されている**、ことです。上の人の意見が絶対なのです。

基本的に、会議では役職が上のほうの人しか発言しません。残りのメンバーは、会議室にいるのに黙っているわけです。上の人が発言しても、反論したりしません。もし反論とかをしてしまうと、「決めるのはオレだ」という言い方で怒られるからです。**ポジションが意思決定の重要な要素を占めているのです**。

例えば、ある部署の現場担当者と、方向性Aで合意した、とします。ところがその部署の上司との打合せに行くと、方向性Aを「オレはBがいい、と言っているんだから」と否定されますが、方向性Aがいいと言っていたはずの現場担当者は上司にはまったく反論しません。最終的に、結構な時間を使った現場担当者との打合せはなんだったのか、しなくてもよかった、と感じてしまいました。

これはワールドが特別というわけではなく、多くの日本企業の一般的な傾向なのですが、とにかく上が圧倒的に強いと感じました。事業を伸ばすために正しいか、正しくないかとは関係なく、上の意見は絶対というわけです。

2つ目は、みな**自分のこと以外はやらない**ことです。自分の責任範囲のこと以外は見ないし、気づいていても何も言いません。すぐ横に座っている人や、目の前の部署の人が、とんでもない、おかしなことを言っていたとしても、そこには入っていきません。でも、実は心の中では変だと思っているので、飲みに行ったりすると、あれはおかしいよね、というような意見や批判が、本人がいない場所でやっと出てくるわけです。

自分に関係ないことは言わないし、もちろんその張本人にも言わない。これはコンサル時代にも他の日本企業で経験していたことですが、少し他部署が絡む話になると、「私は関係ないので、わかりません」と発言を一切拒むのに、飲みに行くと「実はあれは変だと思います」と本音が出てくるのです。基本的に、**自分の範疇を出ないことが奨励されている、と思い込んでいるのです**。これは私が過ごしてきた外資系とは、まったくの逆でした。何か疑問に思ったら、それが自分とまったく関係ない仕事でも、他の部署のことでも、**気づいた人がどんどん言わないといけない**、というのが私が育った文化でした。

3つ目は、**ダイバーシティが圧倒的に少ない**ことでした。ワールドだけではなく、他の日本の大手アパレルも同様ですし、他の多くの日本企業でも状況は変わらないと思いますが、女性の洋服をメインに販売している会社だっただけに、驚きました。当時のワールドの部長以上の管理職の女性比率は、数%にも満たないという状況でした。ワールドという社名にもかかわらず、当時のマネジメントに外国人など皆無でした。

主に若い女性の服を販売しているのに、それを比較的シニアな男性マネジメントたちが自分たちの昔の経験や感覚で決めていくのが、必ずしも理想的とは言えないのは自明だと思います。今でこそ、経営層にある程度の若いメンバーを登用するなど改善したようですが、当時はあまり業績が順調ではなかったにもかかわらず、経営層のダイバーシティの状況が、それ以前とあまり変わっていなかったのが不思議でした。

32 感情で意思決定をしてはいけない

それなりのポジションがなければ大きな改革はできない

私の仕事スタイルは、アジアが統括地域の中心だったこともあって、相変わらず、特攻スタイルの「負けない営業」で突っ込んでいきました。当然、昼間から飲み比べです。

ある国では、先にも書いたように合弁だけではなく、事業売却も含めた交渉をしていました。そうすると、相手に信頼されないと話が進まないので、こちらから飛び込んで信頼を獲得する必要がありました。

忘れられない思い出がひとつあります。現地交渉相手のメンバーとランチから飲み比べになったのですが、これが全部、紹興酒ストレートの一気飲み。

しかし、初めて会う人もいる中で、負けるわけにはいきません。ひとりひとり倒していったのですが、最後は私もダウン。しかも、酔ってふらつき、レストランの内装のガラスに突っ込み、腕が血だらけになって救急車で病院に搬送されました。

身体も傷だらけ、洋服はズタズタで、夕方、目が覚めたら病院で点滴を打っていました。しかしこの日、夜には元気になって、着替えてまた現地の交渉相手と飲みに出かけました。数時間前に救急車で運ばれた私が、いきなり登場したので、相手はかなり驚きましたが、大喜びでした。この事件のことは、交渉相手も一生忘れないと思います。

この国の人たちは、ワールドのことをよく知っていましたし、飲みっぷりもあって信頼を獲得できたのかもしれません。当時としては、かなりの好条件で事業の売却案件を合意することができました。

ほとんど赤字に近い事業を、金を出して買ってくれるという会社が出てきたのです。**日本ではリストラの真っ最中で、会社としてはキャッシュが必要でした。私は、この売却交渉は推し進めるしかない、今しかない、と考えました。**

ところが、経営会議でこの売却案件は承認されませんでした。全役員が参加する会議で、私が案件を提出した場所には、その国の責任者も呼ばれていました。私の提案に対して、彼が絞り出したのは、こんな言葉でした。

「あと、3年間やらせてください」

こう答えた彼の気持ちは理解できます。事業売却となったら、本人のポジションもなくなりますし、苦楽を共にした現地社員の将来も不安です。私は彼に、「気持ちはわかるけど、このままでは黒字にはならないし、仮になったとしても大きな成長は望めない」という話をずっとしていました。

しかし、役員からの問いかけに、彼はそう答えてしまったのでした。そして役員の判断は、売却しない、でした。もちろんその国の事業責任者本人の意見も聞いてもいいでしょう。しかし、**経営ですから、最終的には論理で判断しなければなりません**。

これまでも同じメンバーでずっとやってきて、結果を出せなかったわけです。あと3年、同じメンバーで続けて、少しは改善するかもしれませんが、根本的に何が変わるのか、私のビジネス上の経験からは理解できませんでした。会社として喉から手が出るくらいキャッシュが欲しい状態で、ほとんど赤字の事業を、素晴らしい条件で金を出して買ってくれるという、これ以上はない案件が否認されるとは、想定もしていませんでした。ヘンケル時代に、自分がしてはいけないと学んだ、(論理ではなく)感情での意思決定がまさに行われた、とその時は感じました。

今から考えれば、それまで大きな事業売却などを行ったことのないワールドの当時の経営陣に、歴史の長い、いろんな人の思い入れのある事業の売却を提案するには、私が準備不足だったと思います。P&G時代に学んだ、「論理だけでは人は動かない」という教訓を、この時は十分に活かすことができていませんでしたし、あまりに良い売却条件を引き出したこともあり、事前の根回しや感情面からの説得が不十分でした。しかし、当時の私には、残念ながら、そこまで考える余裕がありませんでした。

他の国に関しても、提携案件がありました。ワールドがその国で単独資本でビジネスをしても、短期的に大きな成長を望むのはとても難しいので、現地でのビジネスに長けていてワールドが学ぶことができるような合弁相手を探したのです。ところが、こちらも却下されてしまいました。出資の形になると、配当しか入らないので、大きな売上が見込めないから、がその理由でした。

海外で30年以上、独自資本で展開して、結果として失敗してきたわけです。現地で成功している企業と組めば、彼らがどうやっているのか、コストの減らし方も、売上の伸ばし方も、店づくりも学ぶことができます。それを十分学んだ上で、自分たちだけでもできると考えたら、その時点で独自資本での展開に切り替えればいい、と私は考えていました。しかし残念ながら、この考えは受け入れられませんでした。

こちらの案件も、今から考えれば、少しでも売上が欲しい当時のワールドにとって、合弁にして出資の形にしてしまったら、計上できる売上が大きく減るので、決裁しにくい内容だったかもしれません。ワールド時代の自分の失敗は、あまりに好条件での交渉ができたこともあり、**全社的な視点や感情的な面を考慮して承認を取りに行く**というプロセスにあまり労力を割かなかったことです。当たり前ですが、歴史の長い大きな会社ですので、そのあたりにもっと配慮するべきでした。

ただ、この2つの案件が前に進められなかったことは、当時の私には大きなショックでした。結果的にこれが、私がワールドを離れる決断につながっていくことになります。

結局、私は海外事業の責任者である事業本部長でしかありませんでした。大きな意思決定を含む、ワールド全体の改革・改善に対しては、大きな影響を及ぼせない、ということに気がついたのです。何しろ、担当する海外事業の画期的な改革案さえ、承認を得ることができなかったのですから。

とりわけ意思決定に時間がかかりがちな**日本企業では、全社的に影響を及ぼせるようなポジションでなければ、なかなか大きな改革を矢継ぎ早に打ち出すことはできない、ということを痛感しました。**

33 マネジメントに必要なのは、自らの意志

なぜ今「ブランド」力が必要なのか

アパレル業界で仕事をしてみて感じたのは、利益を出すのは簡単だけれど、売上を作るのは難しい、ということでした。

利益は「内側」の話です。このくらいの売上に対してこのくらい利益が出る、という取り組みをすればいいだけです。

極端なことを言うと、アパレルでは在庫がゼロになるまで売り切ってしまえば、必ず儲かるのです。毎年のシーズン、店頭売り切れ御免、となるまで商品が定価ではけたら、確実に利益は出ます。

それこそ、売るものがなくなって、1カ月間、店頭が何もない状況になってしまっても、

シーズンのものを全部、定価で売ることができたら、必ず儲かります。ところが現実として、そんな「売り切り御免」はできません。テナントとして入る百貨店やショッピングモールも許さないでしょう。

だから、最終的に在庫が余ることを見越して、たくさん商品を作って、たくさん在庫を持って、最後は残った在庫を安売りするわけです。それでも残ってしまった商品は、廃棄・償却するしかありません。実は、利益を出すのは、在庫をしっかりマネジメントする、という比較的「内側」のことだけでできるのです。

しかし売上は、そうはいきません。お客様は、ファッションのブランドや買うチャネルに関して、それこそ無数の選択肢があります。トレンドがあるとはいえ、実際にどんなものが売れるのかは、事前には絶対にわかりません。しかも、売れるものは、毎年どんどん変わっていきます。その意味で、**アパレルで確実に安定して売上を上げ続けることは、かなり難易度が高いと思います**。

もとより、洋服は買わなくてもいいものです。となれば、買ってもらう理由が必要になるのです。それは、少なくとも機能ではありません。

ここで重要になるのが、「ブランド」なのです。ブランドという名の、差別化や個性、特徴が必要になってくるのです。

ただ、私が2年間という短い期間でしたが、アパレルで感じたのは、昔のような巨大なメガブランドを生み出すのはもう難しいのではないか、ということでした。今では、メディアもそうですが、個人の好みが細分化しています。誰にでも受けそうなものは、アパレル産業だけではなく、どの産業でももはや難しいのではないでしょうか。

ベーシックなアイテムの多いファストファッションはまた別の類型ですが、少なくともブランドとして展開するなら、尖った要素が必要になります。しかしそれでは、受ける人にしか受けないので、大きなスケールにはなりにくいかもしれません。

つまり、**尖った小さなブランドがたくさんある状態こそ、複数のブランドを抱えるアパレルの企業体としては最もうまくいくやり方なのではないか**、ということです。

しかし、ワールドは数千億円の売上を持つ会社ですので、小さなブランドがいくつか当たったくらいでは売上に大きな影響がないこともあり、簡単に小さなブランドの集合体に生まれ変わるという決断をするわけにはいきません。たしかに、ワールドも含めた日本のファッション・アパレルには、１００億円近い売上のブランドも過去にはたくさんありましたが、それを今から新しく作り上げることは、極めて難しいにもかかわらず、です。

実は**いわゆるデザイナーズブランドは、今も拡張せずに生き残っています**。コムデギャルソンなどもそうだと思いますが、ブランドに顧客がつき、彼ら彼女らが確実に買ってくれます。アピールが強く、値段を下げなくても売れる商品がほとんどなので、確実に利益を生み出すことができます。在庫がそもそも少なくて、残らない（残さない）前提で考えるから、廃棄まで含めた費用を前提に商品を作るのと比べて、いいものが作れます。また、ブランドとして価値が高いので、低価格で勝負する必要もありません。

しかし、そのためには、アパレル企業が巨大な組織である必要があるのかどうかは疑問です。もしあるとすれば、そのスケールメリットを存分に活かして、サプライチェーンしかり、店舗のショールーム化しかり、ｅコマースしかり、レンタルしかり、新しいチャレンジをしていくことです。

しかし、当時の日本の大手アパレル企業の多くは、そうした方向すら見出せていませんでした。また、今ではずいぶん改善したようですが、当時のワールドでは、**何かをした時の責任の所在も曖昧でした**。海外事業の黒字化の足を引っ張ることになった、カンボジアや中国のイオンへの出店は、結局誰も責任を追及されませんでした。

カンボジアや中国への出店は絶対に黒字にならないし、将来的な展開の可能性も低い、と私は感じていました。おそらく誰が見てもそうだったと思います。なのに、なぜ出店したのか、今でも謎です。

実はイオンはベトナムにも出ていますが、ワールドはベトナムには出店していませんでした。理由は明快で、イオンに頼まれなかったからです。要するに、当時のワールドは、経営としてこうしたい、という意志が弱かったのです。どの国で、どのように展開するのか、という明確な意志や戦略というよりは、そこに案件や要請が来たから、という受動的な意思決定を行っていました。

これは当時のワールドの問題というより、多くの日本企業に当てはまる問題だと思います。コンサルタント時代、いろんな日本企業の提携の案件にも関わりましたが、ほとんどの企業は、**「こういう目的で、ここと、このような順番で組みたい」という明確な意志や戦略がない**ので、投資銀行などから提携案件が持ち込まれると、慌てて個別に検討をする、という状態でした。自分のしたいことが明確に決まっていれば、興味のない会社からの提携案件など、いちいち検討せずに断ることができるはずです。

日本マクドナルドを辞めてから、業績好調なニトリの方と話す機会がありましたが、ニトリは中国ではイオンに出店していますが、東南アジアでの出店はゼロです。その背景を伺ったところ、イオンとはとても親しいけれど、それとビジネスは別の話で、中国でビジネスを拡大したいので、東南アジアにはイオンから頼まれても出店しない、という意志が明確でした。東南アジアではなく、中国という方向性がしっかりあるのです。

マネジメントが受動的に意思決定をするのではなく、明確な意志や戦略に基づいて意思

決定をするかどうかは、極めて重要なことだと、改めて感じました。

34
数字で成果を測ることができない人員はいらない

いらない人はどのようにして決められたか

ワールドに入って、最初に取り組んだのは、いつもの通り、社内外の関係者に話を聞きに行くことでした。海外の拠点でも同じことをしました。韓国に行けば、韓国の百貨店の人たちと話したり、店舗スタッフと話したりしました。どうしたらいいか、何が足りないか、何が不要か……。

ワールドの海外事業本部を率いることになった時、私の直属の部下は約30人でした。一人ひとりと、これから海外事業はどうしたらいいか、話をしていきました。

どうにも評論家が多いなあ、という印象でした。聞いていけばいろいろ言うのだけれど、それを公の場で発言したり、実際に何かのアクションに移ろうとしている人は、あまり多くないのが現実でした。そうは言っても、海外事業本部は人気部署でもあり、優秀で希望にあふれる社員もいたので、できそうと判断した人は、すぐに登用しました。

一方で、リストラもしなければいけなかった状況でもあったため、面談の時点で「この人はいらないな」という判断も下していきました。

海外事業本部の場合、各国の事業運営をサポートするスタッフ的な要素も大きかったので、その人が必要かどうか、見分けるポイントは3つありました。ひとつは、**プロアクティブネス、誰かに言われなくても自分から進んで動けるか**、つまり、次にどうしたらいいかということを、**自分で考えて実行に移せている、ということ**です。

2つ目は、各国のサポート部隊ですから、各国からの評価が良いことは必須でした。現地の担当者から見て、この人は役に立っているのか、本社にいてほしいか、というようなことです。本社から現地に出張するけど、ほとんど現地で何をしているかわからない、と酷評されたスタッフもいました。

3つ目は、その人がいなくなっても、各国の仕事は回っていくかどうか、でした。実際、それを冷静に考えていくと、私の着任時に約30人いた海外事業本部のスタッフは、何人かは各国に赴任してもらったこともあり、２年後に私が辞める時点では６人になっていました。それでも十分に回っていました。

この３つ目を把握するために、私は各スタッフとの個別面談で、常にひとつの質問をしていました。私は外資系でキャリアを始めたのですが、常に数値目標がありました。数値で測定できないことは達成できないし、毎日何を目標に仕事をすればいいのかわからない、と考えていました。

したがって、数値目標を持っていない、というのは考えられないことでした。ところが、**「あなたの数値目標はなんですか？　あなたの評価は、どんな数字で決まっていますか？」**という質問には、海外事業本部がいろいろな変化を模索していた移行期だったからかもしれませんが、当時のほとんどのスタッフが、明確な答えを持っていませんでした。**評価するための明確な数字がないということは、要は達成したいことも、責任もない、ということです。**達成したいことが明確でなかったら、自発的に次のアクションを考えることもできません。

どんな数字でもいいのです。「台湾の原価率を下げる」でも、「韓国の売上を上げる」でも、「海外の平均販管費率を下げる」でも、常にその数値目標を意識して、仕事をしなくてはいけません。

会社の目標があり、海外事業本部の目標があり、それを売上や利益、キャッシュに分解していけば、おのずと**自分が責任を持つべき数値**は見えるはずです。

国ごとに分解してもいいし、国を平均した数字でもいいし、新規店舗の売上でもいいのですが、どこかに数字の責任を持っていないとおかしいはずなのに、自分の目標値をはっきり言えるスタッフが、ほとんどいなかったのです。

実はこれはワールドだけの話ではありません。**日本企業では、「あなたの持っている(責任を負っている)数字は何ですか?」と聞いても、答えが返ってこないことは少なくないのです。**決して珍しいことではありません。

では、何のために仕事をしているのか問いただすと、「××のお手伝いをしています」と口ごもられてしまったりするわけです。

もちろん、ワールドにも人事評価の仕組みがありました。目標があって、毎年それを上長が評価する、という一般的な仕組みです。しかし、当時の海外事業本部では、数値目標が各スタッフまで分解されていませんでした。残念ながら評価制度が形骸化してしまっていたのです。これでは、何が達成できたか、できなかったかが不明確なので、人事評価制度として機能しません。**常に数字に落とし込み、数字で成果で測ることができるようにしないと意味がないのです。**

日本企業のリストラは余計に大変

ワールドは、当時在籍していた約1800人の社員のうち、500人規模のリストラを行いました。これだけのスケールでのリストラをやり切ったので、その後、きちんと黒字化し、業績が向上していったのは、当然かもしれませんが、それをやり切った今のマネジメントの実行力は凄いと思います。

社内の至るところで、粛々とリストラは進んでいきました。もちろん希望退職ですが、これだけの人数がターゲットですので、選ばれた人には明確に会社の意図が伝えられます。当然ですが、パフォーマンスが低い人、それにパフォーマンスより高い報酬をもらっていると思われる人（多くの場合、社歴の長い人）です。

この部署では、あなたのパフォーマンスが出ていないので異動になりますが、希望のところに行けないかもしれません。場合によっては、不本意なところに行くかもしれませんし、行く場所の仕事によっては、給与が下がる可能性もあります。今、退職を判断すると退職金が割増しになります。どうしますか……。

このような、リストラでは極めて一般的なコミュニケーションが行われます。「大変だろうなぁ」と思われるかもしれませんが、私はヘンケルで何回もリストラを行っていたので、何をやらなくてはいけないかを理解していました。リストラをしないと、会社が倒れてしまうし、海外事業本部も黒字化できないので、やらざるを得ないのです。

すでに都市銀行などでも大規模に行われていますが、これから多くの日本企業で、リストラは拡大していく可能性があると思います。

日本企業の良いところとして、長期的な経営があります。短期的な業績にとらわれず、長期を見て経営する、ということです。しかし、これは裏返すと、悪いところにすぐに手を打たず放っておいてしまう、という傾向があるのも事実です。

短期的に業績を求めるような外資系は、常に業績を出さなければいけないので、常に改善、改善です。悪いところを長期的に放っておいたりできません。だから、少しでも業績が悪くなったり、戦略が変わって事業の優先順位が下がったりすると、どんどんリストラして行くのです。

毎年、評価が悪い人が会社を去るのは、外資系では当たり前のことです。ところが、日本企業ではそれを毎年やらずに、まとめてやろうとするから、数百人、数千人、などという規模になってしまうのです。

普段から人も資産も、貢献しているかどうかを定期的に厳しく見直すというサイクルを作れば、日本企業も同様に定期的に人の入れ替えができるでしょうし、実際に実現できている日本企業もあります。ただし、多くの日本企業では、評価の仕組みに大きな問題があります。

外資系では、多くの場合、評価は5段階に分かれています。上からそれぞれ、10%、20%、40%、20%、10%といった具合です。最も高い評価の人たちが全社員の10%いる一方で、最も厳しい評価の人たちも10%いるわけです。5段階評価で、高い評価と低い評価の社員が同数なので、評価が明確に分かれるのです。

そうすると、リストラをする時には、考え方はシンプルです。低い評価の10%+20%の社員が対象になるわけです。

ところが日本企業では、実質的に評価が3段階になっていることが多いのが現実です。例えば上から、20%、70%、10%、という割合です。**この場合、社員の約7割は真ん中の、高くも低くもない評価になっています。要は、差が付けられていないのです。**こうなると、リストラは、ましてや大規模なリストラは、かなり実行が難しくなります。

なぜなら、一番下の10%だけではリストラの人数が足りなくなるからです。そうすると、7割いる真ん中の評価の社員から、リストラ対象を選定しなくてはいけなくなります。ところが、この7割は全員、良くも悪くもない、「B」とかの評価だったりするわけです。

この人たちをリストラの対象にすると、評価が悪くないのに、どうして異動や降格、退職を勧められたりするのか、となりかねません。これは致命的な問題になります。

社員の評価を白黒はっきりつけないことは、もしかしたら働く側にはありがたいことかもしれませんが、結果的には、「評価は良かったのに、なぜ私がリストラ対象?」という、とんでもないことにつながっていく可能性があります。それは、もちろん経営側にも、大きな痛手になるのです。

ワールドでのミッションは、海外事業の黒字化でした。2年を過ごし、やるべきことはやり、黒字化が見えていました。手伝っていた、全社のリストラもほぼ終了しようとしていました。ミッションを果たしたので、早期退職で辞めていく同僚と同じ日に私も退職することにしました。

2015年5月、何人かの旧知のヘッドハンターに連絡をして、「近いうちにワールドを辞めることになるから、よろしく」と伝えました。

そうすると、実は何人かの人が、私をある会社のマーケティング責任者に推薦している、という話がすぐにヘッドハンターから来ました。**これが、日本マクドナルドでした。**

第5章

どんな状況でも、やりようはある

日本マクドナルドで学んだ
「逆境」を乗り越える仕事術

35

うまくいっていない会社をこそ選ぶ

誰もできなかったことが成し遂げられたら、痛快

次に行く会社としては、大きく3つのポイントをイメージしていました。1つ目は、BtoCの会社であることです。ただし、自分が成長できるような、これまで経験したことのない、新しい業界に行きたいと考えていました。

2つ目は、ある程度、インターナショナルな会社であることです。外資系で育ち、外国人との仕事もできることが私の強みでしたから、これが頭にありました。

そして3つ目が、うまくいっていない会社であることです。どうしてかと言うと、**うまくいっていないと、好きなようにやらせてもらえる確率が高いからです。**

日本マクドナルドのマーケティング責任者という選択肢は、まさにぴったりでした。個人的にはよくマクドナルドで食べていましたし、子どもの頃から大好きなブランドでした。会社としての露出も影響力も大きいし、世界中の誰もが知っているブランドです。この再建は、やりがいがあると思いました。

当時の日本マクドナルドは、まさにどん底の状況でした。2014年夏と2015年初頭には品質問題が立て続けに起こっていました。**2015年1月の日本マクドナルドの既存店売上は、前年比4割近いダウンという、とんでもない状況になっていました。**

私が入社を決めたのは、その後も前年比数十%の売上ダウンが続いていた、2015年の夏です。決断するにあたって、元社員や取引先など、いろんな人に話を聞きましたが、みんな同じことを言っていたのは、冒頭に書いた通りです。

「絶対にやめたほうがいい」

しかし、あまのじゃくの私は、そんなふうに言われると、むしろ燃えてしまうのです。**上席執行役員マーケティング本部長という会社ではナンバー3に相当する役職でしたが、過去10年で8人も交代していた（私が過去10年で9人目）、というのも、魅力でした。**

圧倒的な仕事量、外資系でも日系でもないデュアルカルチャー、影響力が極めて大きく、何をやっても目立つ（叩かれやすい）、という仕事の難しさも刺激的でした。

誰がやっても成功しなかった事業や企業を、自分が再建することができれば、さぞや痛快だろう、と考えたのです。そして私は、日本マクドナルドに入社することになります。2015年10月のことです。

36

ポテンシャルを冷静に眺めてみる

ブランドは、作る活動と減らす活動がある

日本マクドナルドの売上高は、２０１５年にどん底を記録することになります。これは不祥事による影響も大きかったのですが、実は売上はそれ以前から落ち続けていました。ピークを記録したのは、２０１０年。全店売上高は５４００億円を超えていました。そこから、じわじわと売上も利益も下降を続けていました。

売上がピークの時代とは、**マクドナルドが「デフレの寵児」と呼ばれ、好調な業績を誇っていた時代ですが、この時代に実は「負の遺産」が作られていた、と私は考えています。**

当時やっていたのは基本的には安売りで、言葉を換えれば、資産の切り売りです。

１００円バーガーをひとつ買えば、もうひとつ無料。ドリンク全サイズ１００円。ポテト全サイズ150円……。こうしたディスカウントの全国キャンペーンを、年間10回以上もやっていました。

当時、売上が伸びていた理由は、まさにこの安売りでした。そして**安売りというのは、ブランド資産を切り崩す以外の何物でもないのです**。

ブランドには、資産を作る活動と、資産を減らす活動があります。もっと言えば、この2つの活動しかありません。安売りで「デフレの寵児」と呼ばれた時代は、ただひたすらブランドの資産を減らす活動をしていました。

ときどき新商品を出してブランドを作る活動もしましたが、圧倒的に減らす活動のほうが多かったと思います。資産の切り売りという意味では、当時たくさん持っていた福利厚生施設も、すべて売り払ってしまいましたし、店舗の多くをフランチャイズに売却しました。この時期、生え抜きの幹部たちもずいぶん辞めました。

そして何より、店舗への投資を十分にしませんでした。安売りによって収益性がどんどん低下したので、売上は上がっても投資する余裕がないわけです。全国の店舗の約7割はフランチャイズでしたから、フランチャイズのオーナーが投資しないといけません。しかし、オーナーは十分な資金的余裕ができるほど儲からなければ、投資ができません。

結果的に、店舗への投資が不十分だったことから、客離れを招くようになりました。そ

うすると、今度はスタッフを減らすので、待っているのは、サービスの低下です。

こんなふうに、負のスパイラルでブランドをどんどん毀損《きそん》し、ブランドの資産を減らすことをやっていたのです。店舗の投資でも人の投資でも、ブランドを作る活動をほとんどしていなかったのが、日本マクドナルドの業績が下降していた時代の真実です。

そして組織はボロボロになっていました。私が過去10年間に9人目のマーケティング部長になったと書きましたが、人事部長、広報やファイナンスの責任者も、何回も替わっていました。

それだけリーダーが変わると、組織としては安定しません。人が替わり、やることが変わると、現場も混乱します。当時は「デフレの寵児」と持ち上げられていましたが、内部ではこんなことがじわじわと進行していたのです。

ただでさえ業績が下降気味だったところに、「事件」が続けて起きてしまったため、ネットで「マック」と検索すると罵詈雑言の嵐でした。こんなビジネスはつぶれる、大量生産ビジネスはなくなる、という書き込みもたくさんありましたし、事実無根の誹謗中傷も少なくありませんでした。まさに、**マクドナルドに行くのは、なんとなく格好悪い、という「空気」が蔓延していたのです。**特に、品質問題があったこともあり、マクドナルドに子供を連れて行くのは悪い母親だ、というような「空気」でもありました。

しかし、それでもやりようはあると私は思っていました。マクドナルドというブランドは、日本ではほぼすべての方に認知されています。また、おそらく9割以上の方が、過去に一度はマクドナルドを利用されたことがあります。こんなブランドは、他にはありません。つまり、たくさんの方に、もう一度、昔大好きだったマクドナルドに、来て頂けるようにすればいいのです。なんとなく「マックに行ってもいいかな」あるいは「行きたいな」と思ってもらう。この「なんとなく」がポイントです。

何しろ、ターゲットは全国の全世代、いわば国民全員ですので、どこかに絞ることはできません。計算上は、日本全国の7割の方が、半年に1回は利用して頂いているほどの規模です。また、お客様がマクドナルドに来店される理由は、もちろん食事もあるでしょうが、コーヒーを飲む、甘いものを食べる、ちょっと休憩する、スマホを充電する、お子さんを遊ばせる等、多種多様です。どこかに訴求を絞ることはできません。

それでも、やりようはあると思いました。なんとなくマクドナルドに行くのが格好悪い、という空気を作っていた、ネット上のマクドナルドを誹謗中傷するような罵詈雑言や記事は、一度ネットに流れてしまったら、消すことはできません。しかし、それらを見えなくすることはできます。それは、マクドナルドに関する良いニュースや好意的な記事を、そのような罵詈雑言や悪い記事を凌駕するほど、大量に露出すればいいのです。

私はこれを「Love over Hate」と呼んでいました。**大量の良いニュースがあれば、悪いニュースは見えなくなります。**別に私が考えた言葉ではなく、ブランディングの基本コンセプトのひとつです。日本全国のお客様に「最近のマクドナルド、なんとなくいいな」と思って頂けたら、または少なくとも「マクドナルドに行くのは、別に格好悪くない」と感じて頂けたのなら、なんとなく足を運んでもらえる。マクドナルドはそもそもそういうブランドなので、メディアやネット上に大量の良い記事を溢れさせることで、そのようなポジティブな「空気」を作っていけばいい、と考えたわけです。

ただ、私が入ったあとも、マーケティング本部からは、たくさん人が辞めて行きました。正直、その気持ちもわかります。**業績は下降の一途で、それまでの数年はボーナスもまったく出ていませんでした。**ここにいても未来はない、と考えたのでしょう。しかし、私はそうは思っていませんでした。

逆境

37

「正しいキーワード」を見つける

応援してくれる人が、こんなにいる会社はない

ヘンケルでも、ワールドでもそうだったように、入社後の最初の1カ月、内外のいろんな人たちに会って、話を聞いていきました。私自身で当時の戦略に対して持っていた違和感や、こうすればいいのではないか、という仮説を検証していったのです。

日本マクドナルドでは、どんな社員も全員、まずは店舗で働くことが求められます。私自身も、入社直後から1カ月ほど、東京・西馬込の駅近くにあるファミリー店舗で店舗研修をしました。

これは、とても面白い経験でした。マクドナルドで働いたことがある人なら誰もが言いますが、本当によくできたシステムだと思いました。どんどんオーダーが入り、スタッフ

も時間で入れ替わっていくのですが、それでもうまく仕事が流れていくのです。

何より感動したのは、**働いているクルーの多くが、仕事に誇りを持っていることでした。**

働いているクルーがバラエティーに富んでいることも、素晴らしいと思いました。

店舗研修を経験して以来、私はまわりの方々に、高校生のお子さんがいたら、絶対にマクドナルドでアルバイトをさせたほうがいい、と言っているのですが、その理由が3つあります。

まずは、お金を稼ぐのは決して簡単ではないということを、身を以て知ることができます。時給で働かなければならないからです。

2つ目は、礼儀正しくなります。挨拶・笑顔から掃除のやり方まで、マクドナルドではすべて厳しく訓練されますので、ものすごく規律正しくなるわけです。

3つ目は、学校に通っているだけの普通の生活では、絶対に会えないような多様な人々に出会えることです。お母さんのような主婦から70代のおじいちゃん、ネパールから来ている国費留学生(帰国したら官僚です!)、さらにはフィリピンから来ている若い女の子たちまで、働いているスタッフが本当にバラエティーに富んでいるのです。

私は店舗研修中、フィリピン人やネパール人のクルーと同じ時間にシフトに入った時には、英語で会話していました。お店の中に2カ国語がこだまして、思わずみなが笑顔になり、とても楽しかったのを覚えています。

店舗研修をしながら、内外のいろんな方の話を聞いて感じたのは、日本マクドナルドに入って良かった、という思いでした。**現場クルーやフランチャイズのオーナーさんたちにも、本社の社員にも、関係者にも、本当にマクドナルドという会社や自分の仕事に対しての愛が深い、「いい人」しかいなかったからです。**業績が厳しいと、普通は店舗と本社の間の人間関係がギスギスしていたり、本社でも営業とマーケティングが、または日本人と外国人が非難し合ったりするものです。

ところが、そのような対立がまったくなく、みなが協力して会社をなんとかしよう、という雰囲気だったのに、正直、驚きました。業績が悪化していたため、私が入る半年ほど前にリストラをしていたのですが、その直後に実施された社内満足度調査では、更に驚くようなデータが出ていました。

「マクドナルドで働くことを誇りに思いますか」

という設問に94%が「はい」と答えていたのです。この会社はすごいと思いました。リストラ直後の社内満足度調査でこんな数字が出る会社は見たことがありません。みんなマクドナルドのことが大好きで、信じているのです。極めてロイヤリティが高いので、業績悪化が続いていたにもかかわらず、みんな真面目に、一生懸命働いていたのです。

さらに驚いたのは、飲料メーカーや調味料メーカー、バンズのメーカーなど、マクドナルドのサプライヤーのみなさんが、とにかく協力的だったことです。

みなさんマクドナルドをなんとかしたい、と献身的に努力をしてくださっていました。もちろん、マクドナルドは彼らにとって取引額が圧倒的に大きい大手顧客だ、ということもあるでしょう。マクドナルドの業績悪化は、彼らの業績にも大きな影響があるのです。

しかし、サプライヤーさんの担当者の中で、マクドナルドを長く担当してくださっている方々からは、そんな仕事の理由以上の、マクドナルドへの愛を強く感じました。何しろ、その辺の社員よりマクドナルドに長く携わり、マクドナルドの歴史やビジネスを熟知されているのです。彼らは、入社したばかりの私に対しても、とても情熱的に意見を述べ、応援をしてくれました。

社員からも、現場のスタッフやフランチャイズのオーナーさんたちからも、サプライヤーのみなさんからも、マクドナルドへの大きな愛を感じました。何かをしようとする時に、応援してくれる人がたくさんいる、と思いました。

「みんなが好きなマクドナルド」に戻す

ただ、現実として業績は厳しいものがありました。新製品を出しても、なかなか売れないわけです。例えば、当時の大型新製品のひとつが、ベジタブルチキンバーガーでしたが、私はこの方向性には強い違和感を持っていました。

当時はキャンペーンと言えば、価格訴求か、健康志向でした。野菜をたっぷり入れたフレッシュマック、なんていう商品も出していました。ベジタブルチキンバーガーは、超ローカロリーのハンバーガーでした。

信用不安を払拭したいという狙いがあったのでしょうが、国産原料を訴求するキャンペーンも多くありました。ただ、私はその方向には納得していませんでした。私自身、普段からマクドナルドで食べていましたが、**果たしてそのような方向性の商品を、みんなマクドナルドに求めているのかな**、と疑問に思っていたのです。

入社前から、また入社後も店舗研修の合間を縫って、いろんな人に話を聞きに行きました。社内のいろんな部署の方に聞きに行き、店長たちの飲み会に顔を出し、サプライヤーさんや広告代理店にも、マクドナルドを辞めた友人にも、さらには流通業などに知見の深い私のかつてのコンサルティング時代の同僚たちにも話を聞きに行きました。

そんなふうにたくさんの人に話を聞いていくと、自分がぼんやり思っていたことを、見事な言葉で表現してもらえたりすることがあります。この時もそうでした。

入社直前に、ブーズ・アレン時代の先輩である岸本義之さん(プライスウォーターハウスクーパーズ・ストラテジー株式会社、シニア エグゼクティブ アドバイザー）と、西麻布のお気に入りの寿司屋「鮓廣瀬」で食事をしていた時に、彼にこう言われたのです。

「マクドナルドのポジショニングって、背徳感じゃない？」

これだ、と思いました。実は私も、同様な方向性のことを別の言葉で表現していたのですが、それまで自分が使っていた言葉は完全に忘れてしまったほど、この「背徳感」という言葉が刺さりました。もちろん、健康的な商品の方向性を打ち出すこともできますが、それはマクドナルドの役割ではないし、マクドナルドらしくないのです。だから、ここで勝負しても、マクドナルドのお客様は反応してくれないわけです。

それよりも、**ときどきガッツリしたおいしさが味わいたくなって、背徳感を感じながらも、つい食べてしまうのが、マクドナルドらしいのです**。しかも、そういう時に食べるのは、必ずしも新製品ではなく、昔から大好きな、すでに味を知っている、「ビッグマック」のようなレギュラー品なのです。そして、そういう自分に対して、マクドナルドは面白い、茶目っ気のあるコミュニケーションで楽しませてくれていたのです。

要するに「みんなが好きなマクドナルドに戻す」ということです。マクドナルドは、マクドナルドらしくすべきなのです。さらに、キャンペーンの打ち方についても、ある程度仮説は持っていました。自分から発信するだけでは、あまり信用されないし、効果も低いということです。

広告代理店の関係者からも、マス広告がどんどん効きにくくなっているという話を聞いていました。マーケティング業界の各種発表や調査結果を見ても、マクドナルドというより、日本の広告業界として、それは明らかでした。これまでマクドナルドが得意としてきたマス・マーケティングとは、違う方向が求められていました。そこで、**「PR」さらには「SNS」を最大限に活用するという方向に舵を切ることを考えたのです。**

同じメッセージでも、自分たちで広告として発信するよりも、メディアやお客様という第三者から発信してもらったほうが、圧倒的に信頼があるし、身近に感じてもらえます。そのためには、メディアやお客様が面白がって、マクドナルドに関するニュースをどんどん拡散してくれるような、「話題性」に富んだキャンペーンにするしかない、ということを、やがてはっきりと確信することになります。

38 ファッションでカルチャーを変えていく

マクドナルドらしい働く環境を作っていく

日本マクドナルドへの採用面接で、当時の人事部長と社長室長に「ブランドや会社へのカルチャーフィットがない」と判断されて、採用NGを出されていた、という話は先にも書きました。

マクドナルドは、アメリカの中西部(ミッドウエスト)、シカゴに本社があります。ファッションで言えば、黄土色のイメージが似合う、保守的でコンサバティブな会社です。

私は面接で、かなり革新的なことを言っていたようです。実は自分では何を話したかはよく覚えていないのですが、膨大な人数がいるクルーの卒業生をすべてネットワークしたらどうか、みたいなマーケティングの範疇ではないようなことも言っていたようです。

こんな突拍子もないことを言うのでは、保守的なカルチャーには合わない、と思われたのでしょう。それも理解できます。入社後に人事部長に「僕のことを落としましたね」と飲みの席で聞いたら笑っていました。社長室長は、その後、私の部下になりましたので、いつも飲み会ではこのネタでイジっていました。

カルチャーフィットがない、ということは、入社前に話を聞いた友人知人たちからも言われていました。真面目だし、保守的だし、石橋を叩いても渡らないし、と。だから、そうなのだろうと思っていました。

ただ、**結果として会社がうまくいっておらず、業績は下降の一途だったので、カルチャーを大きく変える必要があると考えていました。**

実際、サラ・カサノバ社長にも、入社時に**「この会社のカルチャーを変えてほしい」**と言われていました。そこで、入社前にひとつ条件を出しました。スーツは着ていかない、ということです。社員の多くはネクタイはしていなくても、ジャケットは着ていましたが、それもしない、と宣言しました。

入社初日、私は迷彩柄のパンツとTシャツ、といういでたちで出社しました。その後も、Tシャツ、ジーパンはもちろん、ど派手なシャツを着ていったり、真っ赤なパンツをはいていったりして、できるだけ、そういう「いかにも広告代理店のクリエイティブのオジサンのような」格好をしていきました。

初めてお会いしたサプライヤーさんの重鎮には、「けったいな服装ですな」と笑われました。フランチャイズのオーナーが集まる会だけには、スーツを着てきてください、と部下に懇願されたので、その日はスーツで行きましたが、帰り際に羽織ったコートは迷彩柄でした。

それまでの10年間で9人、マーケティング部長が替わっていました。また替わるかもしれない、と思われたら仕事は前に進みません。私の味方を作らないといけない。そのためにも、カジュアルなファッションは重要だと思っていました。

これはワールドの時も感じたことでしたが、上が強い会社はトップダウンで動きます。しかし、これではみんなが声を上げなくなるのです。その象徴のひとつが、保守的なビジネスファッションだと私は思っていたのです。

スーツを着た瞬間、序列を意識してしまうのではないでしょうか。だから、あえてカジュアルを強く意識しました。「偉い人だ」という認識を持ってもらいたくなかったのです。もっとフラットなカルチャーにしたい、と考えた上での行動でした。

実際、これは功を奏したと思います。やがてみんな、どんどん服装がカジュアルになっていきました。上が率先してやると、そうなるのです。後には、マーケティング本部だけでなく、比較的堅い業務の部署でも、Tシャツ、ジーパンで出社する社員も現れました。そして、どんどん会社の雰囲気がフラットになっていきました。

ファッションのカジュアル化には、実はもうひとつ狙いがありました。初めてオフィスに出社した時、なんとも古い感じがしたのです。スーツにノータイで、みんな真面目。私がイメージしていた、みんなが好きだった「茶目っ気ある」マクドナルドとは違っていたのです。

マクドナルドには、「Fun Place to Go」という言葉があります。我々は食べ物を売っているのではない。体験や楽しさを売っているのだ、というブランドステートメントです。

ところが、社員が働くオフィスがちっとも「Fun Place to Go」ではなかったのです。昭和的な、古い雰囲気のオフィスでした。業績が悪くてお金もなかったので、照明も間引きされていました。パーテーションも多く、なんとも暗い印象がしたのです。

私が目指したのは、「みんなが好きなマクドナルドに戻す」ことでした。これは、社員も、社員が働く環境もそうでした。だから、入社翌年のハロウィーンには、私の主催で日本マクドナルドでは初の仮装大会もやりました。

ハロウィーンの日を決め、オフィスで仮装に着替えて、そのまま1日仕事をする。これが大盛り上がりでした。団体賞と個人賞を作りましたが、第1回の優勝チームは意外にも

ＩＴ部門でした。こういうことをやると、働くこと自体が楽しくなり、働く環境自体が「Fun Place to Go」になっていくのです。

日本マクドナルドの社員は、みなさん優秀でしたし、ロイヤリティも高く、会社に対して文句を言う人はいませんでしたが、もっとフラットな仕事環境で、心の底から楽しんで仕事するようになれば、もっと会社は変わると思いました。

実際、こういうところから、「茶目っ気ある」マクドナルドらしいアイディアが出てくるようになっていったのです。

39

「モノ」を売るのではなく「コト」で話題を作る

新製品を出すには、半年から1年かかる

どんな戦略を取るべきかについて、社内外のメンバーと、いろんな話をしていきました。入社したばかりの頃は、売上が厳しい状態だったので、マーケティング本部のメンバーは何かあれば価格訴求した商品やレギュラー品のディスカウントに頼ろうとしていました。

この意識と戦うのは、大変でした。**みんな、ディスカウントはやったことがありますし、ひとまず数字は取れます。しかし、利益を毀損しますし、客数が増えるのは一時的ですから、ある種の麻薬のようなものです。**

ただ、マクドナルドには、バリューという大切な言葉がありました。払う値段に対する価値と絶対的な安さです。マクドナルドが高いと思われてしまったら、マクドナルドらし

くなってしまうので、このバリューをいつも追求しないといけない、というのは私も理解していました。

期間限定品は、そんなに単価が低いものは出せません。安いものではなくなります。そこで、バリューというマクドナルドの価値を追求していくために私が決めたのは、むしろ**期間限定品は高付加価値を追求する**（結果として、値段は上がるかもしれない）、ということでした。よりマクドナルドらしいガツンとしたおいしさ、クオリティーを追求していく、ということです。

そしてもうひとつが**レギュラー品の極端な安売りはしないということ**と、絶対的に単価の低い、チョコパイやシェイク等の商品を常に前面で訴求していくことでした。

ブランドを減らす、つまり消費する活動をしていた「デフレの寵児」時代の分析をした上で、ディスカウントは最小限にする、という方向をはっきりさせたのです。

では、商品戦略で行くのか、と言っても、実はマクドナルドでは、新しい商品を作るのに半年から1年はかかります。それは実行が遅いからではなく、スケールが大きいために食材の調達ができないからです。

例えばアボカドを使おうとすると、1年前から予約しなければなりません。3000店舗で一斉に展開しますから、そのくらいのリードタイムでないと、リーズナブルな価格で大量の食材を確保できないのです。

実際、マクドナルドがアボカドバーガーを出す、というような情報は極秘情報でした。アボカドの値段が急騰してしまうからです。２０１６年の春に、後に詳しく書く「マックの裏メニュー」でハラペーニョの入ったてりやきマックバーガーを発売しましたが、この時はキャンペーン期間の１カ月だけで、日本のハラペーニョの１年分の消費量の３分の１を使った、と聞きました。そのくらいの量が必要になるので、何か新しい商品を考えても、すぐに発売することはできないのです。

しかし私は、**重要になるのは期間限定品ではなく、むしろレギュラー品だと考えていました**。当時は期間限定品だけにプロモーションが行われていましたが、それはおかしいと考えました。理由は３つあります。

そもそも**期間限定品は、毎月違うものを出すので、売上が安定しません**。今月の売上が良くても、また違う期間限定品を発売する来月も売上が良くなる保証がまったくないという、究極の自転車操業、なわけです。

２つ目は、**期間限定品は規模という意味でも全体の3割ほどしかない**ということです。マーケティング本部長としての私のミッションは、売上を2割上げることでした。全体の売上の３割しかない期間限定品の売上を頑張って２割上げても、全体の６％の売上増にしかなりません。まったく足りないのです。

3つ目に、**収益性**です。期間限定品は、日本で企画して、日本で調達しています。レギュラー品はグローバルで調達している商品がほとんどなので、当たり前ですが、グローバル調達しているレギュラー品のほうが、期間限定品よりも収益性が高いわけです。収益性の低い期間限定品は、赤字脱却のための切り札にはなりえない、わけです。

ファンは、ほぼレギュラー品を食べる

もうひとつ重要なポイントは、**ファンの方たちが好んで召し上がっているのは、実はレギュラー品だということです**。「オレはビッグマックしか食べない」「私はフィレオフィッシュが大好き」など、いろんなパターンがありますが、いずれにせよマクドナルドの低迷時でも通い続けてくださったようなファンの方々は、ほぼレギュラー品を好んで召し上がってくださっていました。

ファンの源はレギュラー品だということです。だから、マーケティングで力を入れるべきは、期間限定品だけではなく、レギュラー品だということです。

新商品を出せるのは、何しろ調達や準備に長いリードタイムが必要なので、ずいぶん先です。しかし、新しい商品を出すだけがマーケティング戦略ではありません。むしろ、強

化すべきはレギュラー品だと私は考えました。もちろん、レギュラー品の多くはグローバルで共通のレシピなので、商品を変えることはできません。そこで、**まずは商品ではなく、コミュニケーションを変えていくことにしました**。「モノ」を売るのではなく、「コト」を売る、つまりは話題にして、マクドナルドに行きたくなってもらうのです。

マクドナルドは「Fun Place to Go」な場所だったのです。だから、もっと茶目っ気のある方向にコミュニケーションを変え、話題を作っていく必要があると考えました。

そして、話題化の重要なポイントが、第三者（メディアやお客様）に話題にして頂くことでした。これは先にも書きましたが、その後もいろんな人たちと話して、間違いないと確信しました。入社後に、いろんなデータも見て、コミュニケーションについて改めて感じたポイントは大きく3つありました。

1つ目は、**TVCMに代表されるマス広告の効率が落ちている**、ということです。日本マクドナルドはテレビ広告をたくさん打つ、いわゆるマス・マーケティングを得意としてきた会社でしたが、若い人たちはテレビをどんどん見なくなっていましたし、新聞も雑誌も読まない、という人も少なくありません。ほぼすべての情報をスマートフォンから得ています。コミュニケーションの中心となるメディアを、マス以外にも広げなくてはいけない、という課題が明確でした。

2つ目は、一般的に広告自体が信頼されなくなりつつあることに加えて、品質問題によって、**マクドナルドの会社としての信頼性が落ちていたこと**です。なので、会社がいくら広告を出しても、それだけではなかなか聞いてもらえないし、信用してもらえないわけです。ところが、まったく同じメッセージを、信頼する、または共感している他の人から聞くと、圧倒的に信頼感が高まります。

例えば、「チキンタツタがおいしい」ということを、日本マクドナルドが広告で言うだけではなく、「チキンタツタがおいしかった」というレポート記事をウェブメディアで読んだり、お友達が「おいしかった」とツイッターなどのSNSでアップしているのを見たほうが、圧倒的に効果は高いのです。メッセージは同じでも、発信者が違うのです。このコミュニケーションのアプローチを強化する必要があると考えました。

3つ目は、メディアやSNSでマクドナルドについて語ってもらえれば、マクドナルドに関する良いニュースが増えることです。とりわけ、「話題」にすることができれば、一気に拡散していきます。マクドナルドについて検索をしてみたら、こうした良い「話題」が先に出てきて、悪いニュースや記事は見えなくなります。だから、**マクドナルドに関する良いニュースをたくさん出して、「話題」を作っていくということを、基本的な方向性に据えたのです。**

そして期間限定品だけではなくレギュラー品にフォーカスすること、コミュニケーションを「話題化」を中心に変えることに加えてもうひとつ、私が日本マクドナルドに持ち込んだ新たな方針が、徹底的な振り返りをすることでした。毎月のように新しいキャンペーンが行われ、とてつもなく忙しいこともあって、それまでは実際に行った施策についての振り返りが、ほとんど行われていませんでした。

ただ毎月、目の前のプロジェクトを進めていくだけの、やりっぱなし、という言葉が適切だったと思います。だから、これを知っていた元社員から入社前に、「大変なだけだよ。（マクドナルドのマーケティングに入るのは）やめたほうがいい」と言われていたのです。

そこで私は、**何かアクションを起こしたら、必ず振り返ってＰＤＣＡを回す、ということを義務づけました**。

私が入社して、製品開発から関わった初めての商品が発売されたのは、半年以上先の２０１６年春のことです。それまでまったくの新しい製品はほとんど出していません。しかし、年明けくらいから、状況は大きく変わり始めていました。私が考えた「話題」を作って売る、という仮説を実行に移してみたら、いくつかうまくいき始めたからです。売上も前年を大きく上回り始めていました。ＰＤＣＡを回し始めていたので、その成功の要因と反省点が明確にわかるようになりました。

小さくても成功例ができれば、その方向で行こう、その方向を更に改善してもっと大きな成功を狙おう、ということになります。私からすれば、仮説でしかなかった自分の狙いの正しさを、半年かけて検証・証明していくプロセスとなりました。そして2016年2月、社内も驚くほどの反響があったキャンペーンが誕生しました。マクドナルドがこういうことをやれば、必ず「話題」は作れるという確信が、その時社内に生まれました。

40 ヒントは世界中の成功事例にある

「名前募集バーガー」500万応募で気づいたこと

2015年10月に入社してから3カ月が過ぎた、2016年の1月13日に、約3000人の社員やフランチャイズ・オーナー、関係者（サプライヤーさんや広告代理店）に対して、2016年のマーケティングの3つの方針を発表しました。

「Always On　ポジティブなニュースを連続的に出し続ける」

「Connected　サプライジングで、エンゲージングで、双方向のコミュニケーション」

「Branding　おいしさの訴求、期間限定品だけでなくレギュラーメニューの強化」

入社以来、すでにいろいろな取り組みを進めていたので、特に改まって新しい方針を発表する必要はないと思っていたのですが、予想もしなかったことに、入社してたった3カ月しか経っていない私が、マクドナルドの集客の要となるマーケティング戦略を発表することになりました。

私が日本マクドナルドに在籍した3年弱の間、入社してすぐに策定したこの3つの方針が、その後もずっと貫かれていくことになります。端的に3つをまとめれば、マクドナルドらしい話題を作り、なんとなくマクドナルドに行きたくなる理由を作り続ける、ということになるでしょうか。

特に、「Always On」は、ネット上のマクドナルドに関する悪いニュースを見えなくする（結果的にブランドイメージを改善する）には、大量の良いニュースを出すしかない、という「Love over Hate」というブランディングの考え方の実践でした。

事件の影響に揺れ、社内ではマクドナルドというブランドに自信を持てなくなっていました。そんな中で、「ポジティブなニュースを発信していこう」「マクドナルドらしい話題を作っていこう」という私の話も、当初は懐疑的に受け止められていました。

ところが、**社内的に転機になったのは、2016年2月に大きな話題になった「名前募集バーガー」でした。**

このキャンペーンの実行を決めたのは、入社からまだ間もなかった11月。先にも書いたように、マクドナルドでは6カ月から1年前に新製品が企画されています。すでにこの時には、翌年2月にジャガイモの入った期間限定のバーガーを発売することになっており、そのプロモーションを考えないといけなかったのです。

ただ、とてもおいしい商品だったとはいえ、普通においしさを訴求しても、あまり話題にならないし売れそうにもない、ということは感じていました。そこで、「ハンバーガーの名前を、お客様から募集する」というものにしよう、と考えたのです。社内には、こんなブランドイメージの中で、そもそも応募があるのか、売れるのか、とまだ疑心暗鬼の目で見られていました。ただ、突破口を見つけるには、何か新しいことをやらないといけない、という気持ちがありました。

そんな中で「名前募集バーガー」を発売し、お客様に「いい名前を考えてください」と呼びかけてみたら、2週間でなんと500万件もの応募があったのです。大きな話題になりました。応募した名前が正式に商品名に採用されたら、ハンバーガー1年分がもらえる、という賞品も話題になりました。ただ、これほどの反応があるとは、私も含めて社内の誰もが想像していませんでした。

どうやってこんなすごいアイディアを見つけたのですか、と後に聞かれたのですが、実は海外で同様なキャンペーンが過去にあったのです。オーストラリアのマクドナルドで、名前募集キャンペーンという成功例がありました。それを日本向けに採用したのです。

私が当時、考えていたのは、とにかく話題になることでした。スケール感があって、マクドナルドらしい茶目っ気の面白さがあって、話題にもできる。「名前募集バーガー」というのは、ぴったりだと思いました。

そこに500万もの応募です。改めてわかったのは、マクドナルドはやっぱり多くの人から愛されている、ということでした。本当にそのブランドが嫌いだったら、そのブランドがやっているこんなキャンペーンに参加しないし、話題にもしません。ところが、こんなにたくさんの方が名前募集に参加してくれて、話題にしてくれたのです。

ただ、**大きな話題になったものの、反省点がひとつありました**。それは、店舗に来店しなくても、ウェブサイトから応募ができてしまったことです。「名前募集バーガー」の商品を実際に食べなくても参加ができるので、せっかくの話題が「おいしそう！」「食べたい」

という購買喚起に結びついていないのです。結果、**「名前募集バーガー」キャンペーンは、大きな話題にはなりましたが、売上が大きく跳ね上がることはありませんでした。**

これも大きな話題になった、後の「怪盗ナゲッツ」キャンペーンでは、この反省点を活かして、話題が来店や購買に結びつくような設計にしました。謎の怪盗キャラクター「怪盗ナゲッツ」に関する痕跡情報を投稿してもらうキャンペーンでしたが、怪盗ナゲッツの痕跡情報は店舗で得られるようにし、来店を促進しました。

このキャンペーンも、チキンナゲットの商品自体には何も新しさがなく、ナゲットのソースが新しいだけでした。以前にも期間限定ソースを販売したことがあったのですが、その時の売上貢献は期待以下だったこともあり、キャンペーンへの期待は大きくありませんでした。ところが、予想を大きく上回る爆発的な売上を記録することになります。

これは日本マクドナルドに限りませんが、マーケティングというと、どうしてもみんなモノを中心に考えてしまう傾向があります。目新しい商品を出して、消費者の興味を引こう、と考えてしまうのです。しかし、この考えには根本的な問題があります。そもそも、そんな革新的で目新しいモノなど、そうそう出てくるものではないのです。しかも、マクドナルドのレギュラー品はグローバル統一のレシピなので、商品はまったく変えることができません。

だから、**モノではなく、コトを意識して、話題の喚起を狙ったのです**。それができるかどうかで、多くの人にマクドナルドに来てもらえるかどうか、決まってしまうのです。「怪盗ナゲッツ」は、この「話題になれば売れる（話題にならなければ、売れない）」という戦略が正しかったことを、徹底的に社内に浸透させるキャンペーンになりました。

このキャンペーンによって、それまで日本マクドナルドで信じられていた「（常に販売している）レギュラー品では需要喚起はできないし、売上向上にもならない」という常識が覆されたのです。商品を中心にマーケティングを行っていた商品ドリブンな会社が、このあたりのタイミングから、話題を中心にマーケティングを行う話題ドリブンの会社へと、大きく変わっていくことになります。

ちなみに、**「怪盗ナゲッツ」**もとてもマクドナルドらしい、茶目っ気のあるキャンペーンでしたが、これもヒントは海外の成功事例にありました。数年前に香港で成功した同様のキャンペーンがあったのです。

海外の成功事例に目を向けるとか、過去や他業界の成功事例を紐解いてみるのも、新しい「コト」のアイディアを見つける、ひとつの方法です。

41

キャンペーンはシンプルを心がける

「絶対においしくない！」とCMで叫ばせる

「名前募集バーガー」が大きな話題になっていた、ほぼ同じ時期に、ポテトにチョコをかけた**「マックチョコポテト」**を発売しました。この時は、意表を突いたＴＶＣＭが大きな話題になりました。**食品の広告であるにもかかわらず、「絶対においしくない！」と叫んでいるのです。**

業績が右肩下がりで落ちていく中で事件が起き、どうにかしてマクドナルドのイメージを変えたい、という空気が社内にありました。会社の透明性を上げて、誠実にコミュニケーションして、なんとかして世の中に受け入れられるものを出そう、と頑張っていたのだと思いますが、足りなかったものが2つあったと思います。

それはマクドナルドらしさと新鮮味です。消費者からすれば、マクドナルドがなんとかイメージをよくしようと頑張っているのはわかっているのです。ただ、自分たちはこんなに頑張っている、ということを真面目に主張しても、なんの新鮮味もありません。

そして、その意識が強くなったので、マクドナルドらしい茶目っ気のあるコミュニケーションがどんどん失われていったのだと思います。無難な言葉遣いで、健康志向の商品で、丁寧なコミュニケーションをするわけです。しかしそもそも、本当に消費者はマクドナルドにそれを期待しているのか、疑問でした。

「チョコポテト」は、ポテトにチョコをかけた、というだけの極めてシンプルな商品でした。看板商品のマックフライポテトをアレンジした、とてもマクドナルドらしくてユニークな商品ですが、「おいしくない」という評価をする方もいる商品でした。私自身も食べてみましたが、正直、おいしいとは思えませんでした。

ところが、おいしいと言う方もたくさんいました。しょっぱいフライドポテトに、甘いチョコが絶妙で、いわゆる「甘じょっぱい」味、というわけです。

このように意見が割れているのを見て、話題化できる、と思いました。**話題になりそうなもののキーワードのひとつが「対立構造（意見が割れること）」です**。そうすると、「私はおいしいと思う」「激マズだ」と活発に意見が出てきて盛り上がるからです。

それを促進するようなキャンペーンをやればいい、と思いました。そのためには、論点が必要です。食品を提供している会社が「おいしい」というのは、当たり前。**そこで、「絶対においしくない！」とTVCMで叫ばせることにしたのです。**

茶目っ気があるブランドと認識されていたマクドナルドだから、できたTVCMかもしれません。そしてこのTVCMの効果もあって、ネットやツイッター上でかなりの話題になりました。マクドナルドと検索すると、「チョコポテト」の論争が上位に出てきたりするようになったのです。

私が入社してから初めて、商品開発から関わった**「グランドビッグマック」**も、マクドナルドらしさを貫く、というところから生まれたものでした。

「ビッグマック」が大きくなって、パティが約1・4倍という、ただそれだけの商品でしたが、私は面白いと思いました。先にも書いた通り、マクドナルドのポジショニングは**「背徳感」**なのです。巨大な「グランドビッグマック」は、その背徳感をさらにそそるものだと思いました。

となれば、話題化のために「大きい」ということをさらに強調する施策も打つべきだと考えました。そこで、パティが「グランドビッグマック」のさらに倍という、圧倒的なボリュームのある**「ギガビッグマック」**も数量限定で発売することにしました。これは多分、日本マクドナルドで初めて、売上をあまり期待せず、話題化だけを目的に発売した商品だと思います。

「大きい」というところから横綱起用へ

実際、大きな話題になりました。「ギガビッグマック」は、1個で1000キロカロリーを超えていました。「グランドビッグマック」は「ビッグマック」が横に約1・4倍大きいのですが、そこにさらにパティが倍、なわけです。ここまでやると、「なんだこれは」とマクドナルドが気になり始め、メディアでもSNSでも話題にしてもらえるのです。

しかも、「ビッグマック」のいいところは、どんなものかすでにお客様が知っている、ということです。味はだいたい知られているので、この新商品がどんな味かは言わなくてもいいのです。つまり、このキャンペーンは、「大きいこと」だけをシンプルに伝えれば良かったのです。

「チョコポテト」もそうですが、**シンプルなキャンペーンであることが大事です**。そして、マクドナルドらしいキャンペーンであることは必須です。

そしてここで、イメージタレントとして起用したのが、**横綱の白鵬関でした**。「グランド」「大きい」ということで、有名な野球選手など、他にもいろいろな候補を考えましたが、

「グランドビッグマック」の重量感がないのと、何より話題性に欠けるのです。

そこで広告代理店が提案してきたのが、横綱でした。私はその場で白鵬関のCM起用を即決しましたが、実はマクドナルド的には、お相撲さんの起用は肥満を連想させるので、まったくのNGでした。それを知っていた広告代理店は、私の決断に驚いていました。実は決めたあと、アメリカとの交渉が大変でしたが、白鵬関の身体は（肥満ではなく）筋肉だと思われている、というような論理で、なんとか了解を得ることができました。

マクドナルドのTVCMに横綱が登場する、しかも当時はまだ露出が少なかった白鵬関という意外性もあって、PRの効果は絶大でした。白鵬関が登場したプレスイベントの様子は、テレビを中心とする多くのマスコミに取り上げられました。この「グランドビッグマック」から、メディアの潮目が大きく変わりました。マクドナルドに関するポジティブなニュースが、大量に露出するようになったのです。

お客様からのSNSによる話題づくり、も大成功でした。多くのお客様が、「ビッグマック」「グランドビッグマック」「ギガビッグマック」を3個並べて大きさを比較した写真や、「グランドビッグマック」の食べごたえ、「ギガビッグマック」の半端ない重量感などについて次々と投稿をしてくれました。

実は発売する前、「グランドビッグマック」は社内的にはとても評判が悪い商品でした。

「こんな大きな、しかも新しくない、大きいだけのハンバーガーは売れない」と酷評されていたのです。ところが、あまりに売れすぎて、パティが欠品する店舗が続出するほどになったのです。

この時点までに、メディアやＳＮＳで大量に露出する**「話題化」が販売のカギであること**、またマクドナルドは健康やら野菜やらではなく、「グランドビッグマック」しかり「チョコポテト」しかり、**「ガッツリ系のおいしさ」が売れる**、という私の仮説が、確信に変わることになりました。

この翌月には**「クラブハウスバーガー」**を送り出します。横幅は普通のハンバーガーと同じですが、パティが相当に厚いので、ジューシーでおいしいわけです。バンズも、普通に焼くのではなく、日本人が好きなモッチリ感を出すために、蒸したバンズを使うようにしました。

この時は、「マクドナルドは、実はおいしい」という意外性を訴求しようとしたので、ちょっと大胆なキャンペーンを考えました。店頭でスクラッチカードを配布して、５点満点で「おいしさ」に点数をつけてもらうことにしたのです。話題にして欲しいという狙い通り、「クラブハウスバーガー」を召し上がったお客様は、自分の評価が書かれたスクラッチカードをどんどんＳＮＳに投稿してくれました。ほとんどが、４点以上の、素晴らしく高い評価でした。

また、**何年もマクドナルドに来ていない人に「クラブハウスバーガー」を食べてもらって、5点満点で評価して、感想を言ってもらうというような、かなり挑戦的なウェブビデオとTVCMを制作し、これまた話題になりました。**結果、「クラブハウスバーガー」はあっという間に売り切れてしまいました。

食品ですから、おいしくないと意味がありません。しかし、ただおいしいだけだと、おいしいものは他にもたくさんあるので、差別化になりません。

「これは食べてみないと」

と思って頂く理由が必要になるのです。「クラブハウスバーガー」では、「多くの人がおいしいと言っている」とか、「ずっとマクドナルドに来てなかった人でも、おいしいと言っている」というところにフォーカスしたのです。おいしさを、第三者から伝えてもらうという、極めてシンプルな考え方でした。

点数をつけてもらうなんて、リスクも大きいのではないか、と思われたかもしれませんが、そうはならないという自信がある、素晴らしい商品でした。

発売前、消費者の方に実際に食べてもらって評価してもらうモニター調査があるのですが、ここで当時、過去最高の評点を取っていたのです。

絶対においしいから大丈夫だ、というのもキャンペーンの裏付けになりました。ただ、準備した数が多くなく、数週間で品切れを起こしてしまったのは残念でした。何しろ、半年前から特別な素材などを仕込んでいますから、「これは売れる!」とわかっても、もう追加での調達はできないのです。

「名前募集バーガー」もそうでしたが、**「クラブハウスバーガー」で、消費者参加型のキャンペーンは、成功するとSNS上で話題になり、売上に大きな影響がある、ということを確信することになりました。**

マーケティング本部長としての仕事が実際に動き出した2015年12月以降、売上が前年を超える月が続いていました。ただ、その前年があまりに数字が厳しかったこともあり、私は当然のことだと考えていました。

42

マーケターは何もできない、と認識する

広告代理店との付き合い方を変えた効果

マクドナルドらしい茶目っ気を前面に出し、しかもレギュラーメニューをベースとしたキャンペーンとして大きな話題になったものに、もうひとつ、**「マックの裏メニュー」**があります。

これは実は、レギュラー商品にトッピングをしただけ、例えば「てりやきマックバーガー」にハラペーニョがトッピングされただけ、の商品でした。

商品的にはレギュラー商品にトッピングしただけのハンバーガーですから、絶対に売れない、と社内での評判は最悪でした。

たしかに一見そう思えるのですが、「モノ（商品）」ではなく「コト（話題）」で、レギュ

ラーメニューでも売上になることを、それまで以上に象徴的に示したのが、このキャンペーンでした。

トッピングという何の変哲もない商品を、面白い「コト（話題）」にする、「裏メニュー」という画期的なアイディアを出してくれたのは、日本マクドナルドのコミュニケーション内容の制作をお願いしている広告代理店でした。

「裏メニュー」とは、なんとも気になる響きです。普通に考えたら、「裏メニュー」です、と広告するのは変なわけです。しかも注文する時に、カウンターで「裏メニューください」と言えるおかしさもあります。とてもシンプルでインパクトのある、素晴らしいアイディアだと思いました。

突っ込みどころ満載というのが、話題化のポイントのひとつです。実際、「マクドナルドの裏メニューってなんだ？」「広告したら、すでに裏メニューとは言えないのでは？」というように、ネット上でも面白おかしく扱われ、大きな話題を呼びました。そうすると、「ちょっと行って、この話題の裏メニューを食べてみようか」ということになるわけです。

広告代理店には、トッピングという商品を何か話題にできるアイディアはないでしょうか、とお題を投げました。ただし、トッピングという言葉は使ってはいけない、という制約を付けました。そこから、どんなコンセプトやアイディアがあるのか、いろんな話し合いの中で出てきたのが、この「裏メニュー」でした。

先にも書いていますが、マーケティングの仕事というのは、自分たちでは何もできないのです。何も作れないし、何も売れません。もちろん、広告をはじめとするコミュニケーションプランも、自分たちでは作ることができません。マーケティング担当者が一生懸命やっているだけでは全然ダメで、社内外の人たちの協力があってこそ、いろんなアクションが起こせるのです。

そこで、これも先に書きましたが、広告代理店との付き合い方を大きく変えたのです。広告代理店はパートナーだ、と。

それまでは、担当者はバンバン替わるし、売上が落ちているのでコストダウンの協力を求めるなど、広告代理店にとって、日本マクドナルドはいいクライアントとはとても言えませんでした。

取引額はそれなりに多いけど、広告代理店側からすると、できれば担当したくないクライアントとして有名だったのです。それを入社前から知っていたので、**会議は半分はこちらから先方に出向くとか、接待を受けたらきちんとお返しをするとか、その場その場で決定していくなど、広告代理店との付き合い方を変えました。**

こちらが姿勢を変えると、先方の仕事に対する態度やモチベーションが変わります。しかも、「最近の日本マクドナルドは、ちょっと面白いものが承認されているらしい」ということになると、かなり思い切ったアイディアを提案しやすくなります。

キャンペーンがうまくいっていない時は、なかなか大胆なものが出せません。アイディアもどんどん保守的に、こぢんまりとしたものになっていきます。そうすると、ますますうまくいかない、というサイクルに陥ります。

ところが、面白いことをやって結果が出始めると、広告代理店も大胆なアイディアが提案できるようになります。**しかも、なんだか面白いことをやっている日本マクドナルドを担当してみたい、というメンバーが出てくるようになり、広告代理店の中で優秀な人材が集まってくるようになります。**そういう流れを作って行ったのです。

広告代理店のメンバーが楽しく気持ちよく仕事ができるようになり、結果も出るようになりました。トッピングという何の変哲もない商品を、「裏メニュー」というパッケージにして売ることによって、大きな話題になり、爆発的なヒットになるわけです。普通の商品でも、見せ方の違いだけで売上に大きな影響があることを、この「マックの裏メニュー」は証明してくれました。

広告代理店の日本マクドナルドに対する意識は、間違いなく変わったと思います。何しろ自分たちが提案した、（絶対に採用されないだろうと考えていた）かなり振り切ったアイディアが採用されて、それがメディアやＳＮＳで大きな話題となり、売上にも絶大な効果があったわけですから。

後には、製品開発のプロセスを変更し、広告代理店に商品企画から参画してもらうようになりました。それまでは、まず社内で商品を作り、それをどうやってコミュニケーションするかを広告代理店に考えてもらっていたのですが、商品を作る前段階から参画してもらい、まずどのように話題化するか考えて、そのアイディアに合うような商品を開発する、という順番に変更したのです。

広告代理店のみなさんに、高いモチベーションで、楽しく仕事をして頂くことで、より振り切った斬新なアイディアが提案され、それが実現されてさらに大きな成功になる、というサイクルが回り出しました。

43

いろんな経験が、大胆な決断を可能にする

なぜ「ポケモンGO」の唯一のパートナーになれたのか

厳しい状況にあった日本マクドナルドは、「グランドビッグマック」「クラブハウスバーガー」「怪盗ナゲッツ」「マックの裏メニュー」などのキャンペーンの連続的なヒットで、息を吹き返していきました。

売上も順調に伸びていきましたが、例えば他の企業とのアライアンス（提携やコラボ）に関しては、この時点ではまだ「今の（ブランドイメージの悪い）マクドナルドと組むのは……」と難色を示す企業が多かったのも事実でした。しかし、そのイメージを一掃する出来事が、２０１６年7月に起こります。**「ポケモンＧＯ」とのアライアンスです。**

「ポケモンＧＯ」が日本はもちろん世界中で大ブームになったことはもはや説明する必要

はないと思いますが、**２０１６年７月に世界中でリリースされた時、世界で唯一のオフィシャル・パートナーは、日本マクドナルドだったのです。**

マクドナルドに行けば、必ず「ポケモンＧＯ」ができる、ということで、「ポケモンＧＯと提携した」というプレスリリース１本しか出しておらず、何の広告もしていないのに、驚くほど多くの方が、マクドナルドに押し寄せることになります。

当時は「ポケモンＧＯ」ができる場所が限られており、地方都市などでは、マクドナルドくらいしか、「ポケモンＧＯ」ができる場所がなかったところもありました。日本マクドナルドは、「ポケモンＧＯ」効果で爆発的に売上を伸ばすことになります。

なぜ日本マクドナルドが、世界で唯一のオフィシャル・パートナーになれたのか、今でもよく聞かれます。もちろん、オフィシャル・パートナーは日本マクドナルド１社にする、などという取り決めがあったわけではまったくありません。私は当然、日本マクドナルド以外にも多くの企業が「ポケモンＧＯ」との提携に乗り出すと予想していました。

もちろん今ではたくさんの企業が提携していますが、なんと当時、「ポケモンＧＯ」のオフィシャル・パートナーになるという決断をしたのは、世界で日本マクドナルドだけだったのです。だから、日本マクドナルドは、「ポケモンＧＯ」発売時のブームを独占的に享受できました。しかしこれは、結果として、でした。

もともとポケモンとマクドナルドは、「ハッピーセット」などでお付き合いがありました。そこでこの年の3月に、私はポケモンを表敬訪問しました。いろんなニュースを提供していくための素材を常に探していたからです。

また、ポケモンの責任者の宇都宮崇人COOは、私が外資系コンサルティング会社のブーズ・アレン時代に新卒採用した人物だった、というご縁もありました。

先に、**「ブランドは構築する活動と、消費する活動しかない」**と書いていますが、この考え方は、この表敬訪問時に2人で話をしているうちに宇都宮さんから伺ったことでした。私は、まさに、と膝を打ったのでした。

「ポケモンGO」をやるために来店者が殺到

そして、この時「こんなものがあるんです」と見せられたのが、「ポケモンGO」でした。「ポケモンGO」が世界でリリースされる数カ月前の話です。

私は、「ポケモンGO」の前身のゲームとも言える、同じナイアンティック社の**「イングレス」**を知っていましたし、自分自身がプレーヤーでもありました。「あ、これはイングレスのような仮想現実の世界の中に、ポケモンが現れるのか」とすぐイメージできました。

説明するまでもありませんが、ポケモンは日本で、また世界中で大人気のキャラクターです。まさにポケモン世代の30代とか40代の方々なら、すべてのポケモンの名前をそらで言えてしまうのではないか、と私は考えていました。しかも、ポケモンを探して、捕まえて、育てて、戦わせるという「ポケモンGO」のストーリーは、まさにオリジナルのポケモンそのままです。ポケモン世代の方々は、まったく説明しなくてもゲームを理解できるのです。これはヒットするに違いない、と感じました。ただもちろん、これほどまでの社会現象になるとは、想像もしていませんでしたが。

翌週には提携交渉を開始しました。しかし、「ポケモンGO」はまだ世の中にないゲームでした。オフィシャル・パートナーとなれば、大きな額の投資をすることになります。おそらく、「ポケモンGO」リリース時のオフィシャル・パートナーが世界で日本マクドナルドだけになったのは、他社ではこの段階で大きな額を投資するという決断ができなかったからではないかと想像します。

しかし、私は「イングレス」を知っていたので、「ポケモンGO」がどんなゲームになるのか、大体のイメージがわかりました。だから、まだ世の中に存在していなかった「ポケモンGO」の可能性が見えたのです。何しろ、説明して理解してもらえるようなものではないので、社内には、ほぼ「私を信じてほしい」という言葉で押し通しました。それまでの私が関わったキャンペーンが成功していたこともあり、なんとか承認を得ることができました。

そして、ふたを開けたら、「ポケモンＧＯ」リリース時のオフィシャル・パートナーは日本マクドナルドだけだったのです。後に多くの会社がオフィシャル・パートナーになりますが、もちろん最初に入っていたことには意味があります。大きなリスクを取ったかわりに、リリース時のブームを独占的に享受できたのです。

オーストラリアで最初に始まり、次にアメリカ、ヨーロッパ、最後に日本に上陸した「ポケモンＧＯ」でしたが、日本でリリースされる頃には大騒ぎになっていました。いつ日本でリリースされるのか、いつになったら「ポケモンＧＯ」ができるのか、と。

実は当初、プレスリリースはもっと遅いタイミングで、「ポケモンＧＯ」の日本でのリリースと同時に発表する予定だったのですが、日本マクドナルドとポケモンの提携が噂になり、それが株価に影響する可能性があると東京証券取引所から指摘を受けたので、なんと「開始日未定」のままでリリースを打つことになりました。

数日後、「ポケモンＧＯ」がリリースされると同時に、全国の店舗は大変なことになりました。もともとマクドナルドとポケモンのキャラクターは相性が良かったわけですが、「ポケモンＧＯ」ができるとあって、驚くほど多くの人が押し寄せることになったのです。ちょうど夏休みの時期だったこともあり、大変な客数と売上を記録することになりました。

私は、自分の運の良さを改めて感じました。

そしてこの「ポケモンGO」の成功が、いろんな違う形でマクドナルドに「行く理由」を作り、マクドナルドに関する良いニュースを大量に他の会社から発信するという、後のアライアンス戦略を加速させることになります。また同時に、**「仕込みさえしておけば、まったく広告をしなくても、PRとソーシャルメディアだけの告知でも、短期的に高い認知を獲得できる」という初めての経験になりました。**

44 経営を安定させる軸足を増やしていく

「マックシェイク森永ミルクキャラメル」はいかに生まれたか

キャンペーンなどの成功で、日本マクドナルドは、売上が上向いてきましたが、私は他にもやらなければいけないことがあると感じていました。それは、いわゆる**「1本足打法」からの脱却**でした。

マクドナルドは、ハンバーガーのキャンペーンを毎月のように行っていますが、それが不振だと、全体の売上がガクンと落ちるのです。また、何しろ毎月違うキャンペーンをしているので、今月が調子よくても、また違うキャンペーンをする来月の売上はまったくわかりません。要は、経営として不安定なのです。

ハンバーガーの新キャンペーン以外に、お客様に来店してもらえるような強力な切り札があれば、経営はもっと安定します。ハンバーガーのキャンペーンの成否に全社の売上が左右される「1本足」経営ではなく、「2本足」「3本足」にしていきたいと考えていました。そのひとつの強固な新しい足が、全方位かつ継続的なアライアンスでした。そうやって足を増やしていくことで、経営の安定感は増していくのです。

「グランドビッグマック」や「ポケモンGO」で、明らかに日本マクドナルドをめぐる潮目は前向きに変わっていました。そして、もう1本の足として、私が狙いをつけたのが、シェイクやフルーリーなどのスイーツでした。

ところが、ハンバーガー系で次々に成功事例が出ているのに、スイーツは失敗続きでした。シェイクなども、いろいろ新しい試みをしていきましたが、話題づくりという面でも、売上への大きな貢献（ハンバーガーに次ぐ「足」となる）という面でも、ほぼ全敗でした。

シェイクへの取り組みで、難しさを実感したのは、どうしても話題が小粒になってしまうことです。例えば、普通に「桃のシェイク」と言っても、なかなか話題にしにくいのです。「ブドウのシェイク」や「メロンのシェイク」も同じです。すでに出来上がっている、そんなに特別な響きでない商品について、後から話題化を考えるのは難しいのです。こうしてわかっていったのは、これは考える順番を変えないとダメだ、ということでした。商品づくりの段階から、話題になりそうなものを作っていく必要があるということです。

さらに、**話題化のために、展開する商品の数を減らしていくことにしました**。シェイクやフルーリーなどの期間限定品には、マス広告をせずに店頭告知のみで展開するものもありましたが、開発と実施に結構な手間がかかる割には、まったく話題になりませんでしたし、売上への貢献も大きくはありませんでした。キャンペーンが売上に大きな貢献をするには、まずは認知が大切になるので、スイーツのキャンペーンの数を絞り、そのぶん、マス広告を入れるようにしました。この方向転換が、功を奏していくことになります。

さらに、話題化しやすい、広告でもアピールしやすい商品を作ろう、ということで期間限定品として生まれたのが、**「マックシェイク森永ミルクキャラメル」**をはじめとした個性的なスイーツでした。これが、爆発的に売れました。

桃シェイクやブドウシェイクだと、桃やブドウにもいろんな種類がありますし、どんな味かわからないので、コミュニケーションの中で味について語らないといけません。TVCMのような短時間でこれをやるのは難しいのです。ところが、「マックシェイク森永ミルクキャラメル」なら、名前を聞いただけで味が瞬時に理解できるので、コミュニケーションの中でどんな味か説明する必要がありません。どんな味なのか、に時間を使わなくていいので、コミュニケーションで他のいろんなこと（例えば話題化）のために時間を使えるようになるのです。

また、よく知られたブランド同士のコラボレーションですから、とても話題になりやすいのに加えて、マクドナルドが発信するだけではなく、コラボ先の会社もこのコラボ商品について発信してくれるのです。一石二鳥どころか、一石三鳥でした。

「マックシェイク森永ミルクキャラメル」は、マーケティング本部のスイーツ担当者から出てきたアイディアでした。その後、同じような考え方で、カルピス（アサヒ飲料）、チェルシー（明治）、カフェオーレ（江崎グリコ）など、どんどん新しいコラボシェイクを展開していきました。マクドナルドのキャンペーンとしては斬新で、かつ「飲んでみた」という話題にしやすいので、次々にヒットしました。また同じ考え方をフルーリーにも展開し、森永ミルクキャラメル、ブラックサンダー（有楽製菓）、パナップ（江崎グリコ）等のコラボフルーリーを次々と展開し、記録的な売上を挙げていきました。

こうしてスイーツが3本目の柱になっていったのですが、さらにもう一押しすることを考えました。コラボによる期間限定品だけではなく、強力なレギュラー品を確立することです。そこで2018年4月に発売したのが、ワッフルコーンでした。

ハンバーガーは最初からレギュラー品を強くしたいと考えて手を打ちましたが、スイーツは2年後れでやっとレギュラー品の強化に着手できたわけです。

ソフトツイストという名前のソフトクリームがあったのですが、より付加価値を高めるために、ワッフルコーンに入れて、プレーンな製品だけではなく、チョコレートやストロベリーのソースを追加できるようにしました。

まったく新しいスイーツを作りたいという思いもありましたが、すでに店舗には新しい器材を追加で設置する場所がなく、今の原材料の組み合わせで考えるしか、方法がなかったのです。その制約の中で、メニュー開発部が工夫を重ねた結果、新しいレギュラー製品として生み出されたのが、ワッフルコーンでした。

ワッフルコーンの発売と同時に、ソフトクリームに含まれる乳脂肪分を増やし、ソフトクリーム自体をかなりおいしく改良したこともあって、マクドナルドで久しぶりに登場したスイーツのレギュラー品として、とても順調な滑り出しとなりました。

45 安易にディスカウントには走らない

レギュラー品を売るための「マクドナルド総選挙」

２０１６年の前半はハンバーガーでの新しい取り組みが始まり、２０１６年の後半は全方位で継続的な大規模アライアンスが始まり、そして２０１７年の前半からはコラボスイーツを仕掛けていくわけですが、２０１７年の１月は、ハンバーガーの期間限定品を出さない、という決断をしました。

先にも書いたように、重要なのはレギュラー品だと考えていました。レギュラー品を売っていくために、期間限定品を発売せず、レギュラー品だけでキャンペーンを行う、という選択をしたのですが、これは社内的にはかなり心配されました。**ハンバーガーのキャンペーンで期間限定品がまったくないという例は、少なくとも社員の記憶にある限り、過去**

になかったからです。

レギュラー品を売るために仕掛けたのが、「第1回マクドナルド総選挙」でした。「肉が倍になる」などの〝公約〟を掲げた12のレギュラー商品の中から、好きなバーガーに投票して頂き、優勝したバーガーはその公約を果たす、というキャンペーンでした。

ヒントになったのは、もちろんＡＫＢ48の総選挙です。ファンがＡＫＢのお気に入りのメンバーを応援してＣＤを買うのと同じように、マクドナルドでも、12のレギュラー品の中からお気に入りのバーガーを応援して、そのレギュラーバーガーを買ってもらおう、という企画でした。

これがまた盛り上がりました。「私はこれが好き」「オレはこれしか食わない」などのお客様の意見が、大好きな商品を笑顔で召し上がっている写真等と一緒に、どんどんネットに投稿されていきました。まさに、長い歴史があり、固定的なファンの方がついている、レギュラー品だからこそできるキャンペーンでした。新しい商品がまったく無いにもかかわらず、５週間のこのキャンペーンは、売上に直結しました。

総選挙で面白かったのは、番狂わせが起きたことです。おそらく優勝するのはマクドナルドの看板商品である「ビッグマック」ではないかという予想が多かったのですが。なんと1回戦で負けてしまったのです。私も「ビッグマック」が優勝すると想定して、その年の4月に予定されていた「ビッグマック」キャンペーンの打ち出しを考えていたので、まさかの1回戦負けで、慌てて4月のシナリオを変更したのを覚えています。

Aグループがビーフ、Bグループがチキンや魚のバーガーが集まったグループで、それぞれのグループで勝ち上がった商品が決勝で激突する仕組みでした。優勝したのは、ダブルチーズバーガーで、無料でダブルがトリプルになる（値段はそのままでパティとチーズが1枚ずつ増える）、という〝公約〟でした。

ここでひとつのポイントは、**ディスカウントを〝公約〟にしなかった、つまり、自ら値段を下げるようなキャンペーンにしなかった**、ということです。もちろん、〝公約〟を果たすとコストは膨らみますが、ダブルチーズバーガーにしても、値段は同じままでダブルをトリプルにしたほうが、インパクトのあるレベルのディスカウントをするよりは、圧倒的に売上も収益性もいいのです。

マクドナルドの約束である「バリュー（お得感）」を損なうことなく、売上と収益性を確保していくためには、こういうキャンペーンをやらなければいけないと考えていました。「マクドナルド総選挙」は大成功に終わりました。レギュラー品だけでも、キャンペーンで売っていくことができる、と証明することができました。このようなキャンペーンを続けたことで、売上全体に占めるレギュラー品の比率はどんどん上昇していき、レギュラー品はグローバル調達で収益性が高いこともあり、全社の収益性も向上していきました。

苦肉の策だった「ヘーホンホヘホハイ」

「マクドナルド総選挙」の時から、コミュニケーションのツールとして全面的に活用を始めたのがウェブ動画です。 短い動画をツイッターにはりつけて拡散したり、バンパーと呼ばれるＹｏｕＴｕｂｅの動画が始まる前の広告枠を使ったり、大変な効力でした。また、ダブルチーズバーガーの総選挙での優勝は、プレスリリースとツイッターでの告知しかしていないにもかかわらず、瞬く間にニュースが広がって、「ポケモンＧＯ」の時と同様、まったく広告していないのに短期で高い認知を獲得することができました。

２０１７年の前半には大型のアライアンスが次々と実施されました。３月にはＮＴＴドコモの「ｄポイント」、６月には楽天の「楽天スーパーポイント」とのアライアンスが始まりました。そして７月にはＫＤＤＩの「ａｕ」との大型キャンペーンが行われました。３のつく日はａｕユーザーなら何かがもらえる、「三太郎の日」というキャンペーンの第１弾に、マクドナルドが選ばれたのです。こうした継続的な大型のアライアンスキャンペーンは、マクドナルドの経営の軸を、１本足から、２本足、３本足へ増やしていきました。

そして、日本マクドナルドの取り組みは、よりアグレッシブなものになっていきます。

マクドナルドの愛称は「マック」か「マクド」なのかを競い合う投票キャンペーンもそのひとつでした。関東では「マック」、関西では「マクド」と呼ばれていますが、どちらに投票が集まるか、これもまた大きく盛り上がりました。

結果は、僅差で「マクド」に軍配が上がりました。これを受けて、約1週間の期間限定で、**マクドナルドの公式ウェブサイトのカサノバ社長メッセージのタイトルを、「マクドからのメッセージ」に変え、メッセージの中身も関西弁にしました**。メニューのページも「マック」から「マクド」に全面的に変更し、例えば「てりやきマックバーガー」の表示は「てりやきマクドバーガー」に変わりました。これがまた、ネット上で大きな話題になりました。このキャンペーンが話題になったのは、「マック」「マクド」というすでにお客様が日常で使われていたニックネームをマクドナルドがオフィシャルに取り上げたからです。コトの話題づくりも、場合によってはすでに世間に転がっているコトを再使用することもできる、という例になりました。

2017年10月には、「ベーコンポテトパイ」を期間限定で発売しますが、このキャンペーンもマクドナルドらしい「茶目っ気」のあるものになりました。正式名称を**「ベーホンホへホハイ」**と変更して、売り出したのです。

ベーコンポテトパイはアツアツなので、食べながらその名前を言うとこんなふうになる、というネーミングです。お店ではこの名前で注文してください、と全面的に告知しました。これがまた、瞬く間に面白いと話題になりました。

実はこれは苦肉の策で、「ベーコンポテトパイ」は前年にも同じものを出していたのです。ところがこの年はサイドメニューとして発売できるものの数が少なく、確実に売上を計算できるのは「ベーコンポテトパイ」くらいしかない、ということになったのでした。

2年連続で同じキャンペーンをやると、何の工夫もしなければ、間違いなく売上は落ちます。でも、前年の2・5倍は売りたい。どうしようか、となった時、広告代理店がノリノリで出してきたのが、このアイディアでした。それやろう、とその場で決定し、みんなで盛り上がりました。

商品はまったく同じで前年の2・5倍売れましたから、私にすれば「してやったり」のキャンペーンでした。実は他にも、まだ日の目を見ていない笑えるアイディアがたくさんあるのですが、いずれ、マクドナルドで実際に実施されると期待しています。

46

求められるのは「継続性」

リーダーは2年後、3年後を考えていないとダメ

入社時点で、前年があまりにひどい数字でしたので、売上がある程度伸びるのは、当たり前だと考えていました。ただ、「グランドビッグマック」「ギガビッグマック」「クラブハウスバーガー」「怪盗ナゲッツ」「マックの裏メニュー」など、爆発的に売れるものが出てきました。

しかも、早々に品切れするキャンペーンも続出しました。そうすると、この方向なら大丈夫かもしれない、とみんなが思い出すわけです。売上が上向いてきて、会社のムードが変わっていきました。

それまで何年もの間、売上に苦労する日々が続いていました。先にも書いたように、マ

クドナルドでは半年前、1年前に食材を発注します。そうして発注された期間限定品の食材が大量に余ってしまったこともありました。そういう時代があったのです。

そこにいきなり、品切れで、ものが足りない、どうしよう、という事件が頻繁に起きるようになりました。うれしい悲鳴が起きるようになっていったのです。

ただ、売上は上昇カーブを描いていても、メディアの日本マクドナルドに対する論調は、そう簡単には変わりませんでした。次第に経済誌などでも、ヒット商品についての記事が出るようになっていきましたが、「これで復活か?」という論調です。

その「か?」が邪魔でした。どうすれば、「か?」を取って、「復活!」という論調にしていけるか。それが私にとっての課題でした。

その方法はシンプルでした。人の評価はすぐには変わらないので、連続して、継続的に、良いニュースを出し続けるのです。

例えば、人が信頼を失った時、何かひとつのきっかけで信頼を取り戻すことは、まずありません。小さな取り組みを積み重ねて、だんだん信頼を回復していくのが、唯一の方法です。失う時は一瞬ですが、回復は一瞬ではできません。**連続的に、継続して、努力をし続けるしかないのです。**

2016年にはハンバーガーのキャンペーンや「ポケモンGO」などで連続して話題を

さらい、２０１７年にはコラボスイーツで連続してヒットを飛ばし、「総選挙」や「マック対マクドー」「ヘーホンホヘホハイ」などのマクドナルドらしい新しいキャンペーンが大成功し、大型のアライアンスが開始されて顕著な成果を出し始めても、私は取り組みをやめることはありませんでした。

２０１７年の後半からは、別の軸から「足」を増やしていくための施策が実行に移されていきます。マクドナルドがすでに強いランチタイムだけでなく、夕方のスナックタイムや、朝や夜の時間帯のビジネスを強化することにより、ランチタイム偏重のビジネスモデルから脱却しようとしたのです。２０１７年から２０１８年にかけては、朝とスナックタイムの強化のためにコーヒーやカフェラテのリニューアルを行ったり、「シナモンメルツ」という新しい期間限定のスイーツを発売したり、それまでは約1カ月で販売を終了していた人気商品「三角チョコパイ」を冬の約半年間は販売できるように変更しています。先の「ワッフルコーン」もこの流れで発売された商品です。

また、２０１８年の春からは満を持して「夜マック」を開始し、大きな成功を収めました。どんどん連続的に、継続的に、新しい取り組みを追加していくのです。

こうした取り組みは、調達のリードタイムが長い日本マクドナルドではなおさら、かなり早いタイミングで考えておく必要があります。２年後、３年後のことを考えて準備をしておかないと、本当に効果的な施策は打つことができないのです。実際、2018年3月に全国展開した「夜マック」のプロジェクトを立ち上げたのは、私が入社して半年しか経っていない、2016年の春でした。その意味では、**入社した時から考え続けていた仮説をひとつひとつ順番に検証し、実行に移していった、**ということだったのかもしれません。

みんなが「これから半年、何をやろう」と準備をしている時に、リーダーは同時並行で2年後、3年後を考えていないといけないのです。

失敗はあって当たり前です。大事なことは、仮説に基づいた施策を仕込み続けることです。実際、アライアンスも含め、私が立ち上げたプロジェクトの中で、全国展開までこぎつけたのは、3割にも満たないのが現実です。それでも、仮説をひとつひとつ検証・実行し、経営の「足」を何本にも増やしていくことが、経営の安定化につながり、収益性につながるのです。

過去10年で9人のマーケティング本部長が替わっていました。私が前任の方々と違っていたのは、多分2つしかありません。ひとつは、就任したタイミングが良かったことです。2014年と2015年は、本当に厳しい状況でした。店舗への投資もできていませんでしたし、アメリカ本社のプレッシャーも強かったのでは、と聞いています。

しかし、どん底の状況の中、アメリカ本社が日本マクドナルドの売却先を探している状況だったこともあり、アメリカ本社からのプレッシャーは弱まっていました。また、何をやってもダメだったこともあり、誰もが新しいことや改革を求めていました。そのような状況だったので、私は新しい施策を自由に実行に移すことができたのです。しかも、店舗への投資が進み、私が入社したタイミングでは、3分の1ほどの店舗の改装が終了していました。お客様に来店して頂ければ、「マクドナルド、きれいになったね」と言って頂ける環境ができつつあったのです。店舗が古くて汚くては、いくら話題を作ってお客様に来店して頂いても、またすぐに再来店して頂くことは難しかったと思います。

もうひとつは、**私は自分が正しいと思ったこと「だけ」を、誰にも遠慮することなく、どんどん実行に移していったこと**です。社内の人に遠慮するとか、アメリカ本社に気をつかうとかは、ほとんどしませんでした。何しろ、過去10年で9人目のマーケティング責任者ですので、入社して半年から1年である程度の実績を出さなければ、「ハイ、さよなら」と言われても文句は言えません。必死だったのです。実績が出なくて「さよなら」されるにしても、誰かに言われた通りにやって結果が出ないより、自分が正しいと思ったことをやって結果が出なかったほうが、納得できます。

私は自分のことを、結果がすべての「傭兵」だと考えていました。なので、自分が正しいと思ったことしかしない、というのが私の行動理念でした。

参考までに、日本マクドナルドでマーケティング本部のメンバーに伝えていた**「マクドナルドのマーケティング　15の戒律」**をご紹介しておきます。そうです、この「戒律」という言葉は、竹内ゼミの「30の戒律」からとっています。

1. 「マクドナルドらしい」おいしさを追求・訴求せよ
2. 青森や島原のお客様にも響く内容・言葉・シンプルさを心がけよ
3. レギュラー品こそが、売上・利益・ファンの根源と心得よ
4. モノ（おいしさ）とコト（話題）の両方を揃えよ
5. オリエンタルランドに負けない「FUN」を提供せよ
6. 広告以外の認知獲得の方法を、常に追求・模索せよ
7. 「グローバル」や「上司」を言い訳にすることは恥、と肝に銘じよ
8. ネーミングには魂を込めよ
9. 多種多様な「マクドナルドに行く理由」を提供し続けよ
10. マクドナルド自体が巨大メディアであると自覚し、活用せよ
11. マクドナルドに行く「空気（ブランド）」を作り出せ
12. ブランド資産を「増やす」活動に集中せよ

13．高速で創造的自己否定をし、「さらなる上」を追求し続けよ
14．チームを鼓舞し、チームのために奉仕し続けよ
15．「FUN」「仕事」「規律」で、全社の模範となれ

47

無難にやっても会社は変わらない

結果を残すマーケターには3つの役割がある

ヘンケル時代に、大学とブーズ・アレンの先輩でもある人材会社のラッセル・レイノルズ・アソシエイツ日本代表の安田結子さんにお会いした時、こんなことを言われました。

「足立さんは、劇薬系ですね」

なんともうまい言葉をもらえた、と思いました。ひどい症状の会社を劇的に治すには、劇薬がいるのです。ただし、健康な会社には劇薬は必要ありません。

以降、自分で劇薬系という言葉を好んで使うようになりました。劇薬として、みんなが苦労してもどうにもならなかったことを解決できたら、関係者のみなさんを幸せにすることができ、自分も痛快です。これは、「自分のまわりの人たちを幸せにする」という、自分の大学時代以来の基本的な価値感とも一致します。

困っている状況にあったり、苦しんでいる状況にある時は、普通のことをしても何も変わりません。無難なことをやっても、会社を変えることはできないのです。

だから、劇薬としての私の仕事があります。**劇薬らしく、短期間で大きく急激に変えていくわけです。**そうでなければ、劇薬になりません。自分が正しいと考えたことを、どんどん実行していくのです。先へ先へと考えながら、いろんな施策を仕込んでおくのです。

ただし、ヘンケルでもワールドでもマクドナルドでも実践してきたことでしたが、組織を動かすには3つの要素が、この順番で必要です。

「感情」

「結果」

「KPI」

まずは、「この人、誰？」という状態から抜け出さなければなりません。「こいつが言うならやってやろう」と思ってもらい協力してもらえるようになるためには、「感情」を意識しないといけません。言葉を換えれば、「仲間」とか「戦友」になることです。こいつは仲間だな、と思ってもらえるかどうかです。

日本マクドナルドでも、過去にもそうだったように、入社直後は激しい飲み会、楽しかったことしか記憶にない（他は何も覚えていない）ような飲み会を繰り返しました。

次に、早い段階で、小さくてもいいので、「結果」という成功体験を作ることです。そうすることで、「この人の言うことをやれば、うまくいくかもしれない」という信頼が生まれます。

日本マクドナルドで言えば、「名前募集バーガー」に始まる2016年前半の一連のキャンペーンがそうでした。早い段階で、少しずつ、小さくても成功を作っていかないと、当たり前ですが、信頼してもらえません。

そして**成功に基づいて、「KPI（組織の目標値）」を設定すること**です。それによって、システマチックに、メンバーに同じ方向を向いてもらうことができます。人は「やりたいこと」か「やらなくてはいけないこと」しかしないので、「KPI」を設定し、毎日のように追い続けることで、「やらなくてはいけないこと」にしてしまうのです。

日本マクドナルドでは、「話題にする」ということを方向に据えたので、**SNSの「プレバズ」というKPIを2016年秋に設定し、その後も修正を繰り返していきました。**

プレスリリースを出してから発売までの約1週間の露出だから「プレバズ」なのですが、どのくらいSNSで取り上げてもらえたか、測るのです。この数値が大きいと、発売初週から売上がドンと上がります。

日本マクドナルドが行うキャンペーンは、初週が一番売上が高くて、週を追うごとにだんだん効果が落ちていきます。映画のロードショーと同様です。なので、最初の週の売上が高ければ、落ちていくペースは変わらないので、そのキャンペーン全体の売上が大きく上がるのです。最初の週が、そのキャンペーンの成否を左右すると考えてもいいと思います。だから、発売前に盛り上げて、スタートダッシュをできるようにするのが、キャンペーン上、とても大切になるのです。

これおいしそう、もっと知りたい、なんだろう、といかに話題にしてもらうかを、数値化しないといけません。「測定できないものは、達成できない」と言う通り、数値化しないと、KPIにならず、各自のアクションに落ちないからです。当初はツイッターのインプレッション（いいね＋リツイート）数などをKPIにしていて、どんどん修正を加えて精度を上げていきました。

最後にひとつ。マーケティングは、自分たちでは何もできない、とは先に書いたことですが、絶対に勘違いしてはいけないことがあると思っています。それは、マーケティングは「企画」よりも「実行」が大切、ということです。

企画はもちろん大切ですが、同じ企画でも実行次第でまったく違った結果になるのです。ちゃんと実行できれば、効果が圧倒的に高くなります。企画自体がどんなに素晴らしいアイディアでも、きちんと実行できないと効果は出ません。

マーケティングは企画だと言う人もいますが、私はそうではないと思います。実行して動かしていくのが、マーケティングの最も重要なところです。

マーケターには、3つの役割があると考えています。1つ目は**扇動者**です。人の心に影響を与え、結果として行動に影響を与えるような、人心操作をする人です。2つ目は**プロデューサー**です。ビジネスを作るためには、誰の仕事でもないけど必要な仕事がたくさん

逆境

あります。なので、自分の責任範囲外だろうがなんだろうが、それをすべて拾って、仕事を進めていく役目です。3つ目は**経営者**です。単発ではなく、継続的にビジネスが成功するような仕組みを作る役割です。例えば、強いブランドを作るというのはこの役割の仕事のひとつです。マーケティングとは、これだけ重みのある仕事であり、経営そのものだ、というのが私の信条です。

日本マクドナルドでは、私がいたおよそ3年で社内のムードが一変しました。マーケティング本部からは、2016年も、2017年も社長賞を受賞するメンバーが出ました。私は表彰対象外ということで、残念ながら何も表彰してもらえませんでしたが。

しかし、私が入社する前後で、マーケティング本部の主要メンバーは変わっていません。辞めた人の補充はしましたが、私は誰も新しい人を連れてきていません。その補充も、マネージャー以上は社内の他部署からの異動がほとんどです。マクドナルドのマーケティング本部は、ビジネスがどん底の頃と同じメンバーで、大成功したのです。みんな自信をつけたと思います。そしてそれは、正しい自信です。

私は自分の役割が終わったことを感じていました。入社してから、約2年半が経っていました。

おわりに

日本マクドナルドの上席執行役員を退任する、と発表して以降、怒濤の送別会の日々が始まりました。5月18日から、8月のお盆前まで、夜のスケジュールはぎっしり。

日によっては夕方6時から朝まで、なんていう送別会の時間設定もされており、驚愕する一方で、これほどまでに社員や、フランチャイズ・オーナーや、広告代理店や、サプライヤーのみなさんに送別して頂けるのは、本当にありがたいことだと感動しました。

送別会では、**どうして日本マクドナルドを去るのか**、と問われ続けることになったわけですが、**私の答えは極めてシンプルで、劇薬系の役割はもう終わった、ということです**。

これはP&Gでもヘンケルでも同じような経験をしましたが、会社というのは面白いもので、ひどい状況にある時には、誰からも放ったらかしなのです。

ところがうまく行き始めると、視線がこっちに向いてくるようになります。みんな勝ち馬に乗りたいのか、かつては沈みかかっていた船に、どんどん乗ろうとし始めるのです。

そうすると、船は重くなるわけです。それまでスムーズに進んでいたものが、誰からも放ったらかしだった時代に比べると、どうにもやりにくくなっていくのです。

ただし、数字の責任は変わりません。自分が思うように動けなくなる中で、責任の重さだけは変わらないのは、「傭兵」としてはかなりやりにくい状況でした。とりわけ、自分がビジネスのために正しいと思っていることが、いろんな理由で実施できなくなったりすると、もう数字の責任を取ることはできません。

会社が厳しい状態から脱するとこういう状態になっていくのは、仕方がないことだと思います。P&Gでもヘンケルでもそうでしたし、そもそも会社というのはそういうものだからです。

黒澤明監督の『七人の侍』をご存じでしょうか。戦が終わり村に平和が訪れたら、侍はもういらなくなる、というストーリーです。別に会社に限らず、**社会とはいつの時代も、平和が訪れたら変革者は必要なくなるのです**。そういうものなのです。ただ私自身、それが心地よいかと言えば、決してそうではありません。

しかも日本マクドナルドのマーケティングはある程度は仕組み化し、1本足から4本足くらいになって売上も安定化し、確実に利益も出せるようになりました。メンバーの自信もつきました。私がいなくなっても、今後もある程度の期間は大丈夫、と確信しました。

そして私自身は、P&G時代から植え付けられている成長への強迫観念が今なお続いています。自分はもっともっと、成長しなければいけないと信じています。そのためにも大事なことは、新しい経験、これまでやったことがないことをすることです。

私は基本的に競合する会社には行きません。同じ業界に行かないのは、自分が在籍した会社への義理の意味もありますが、私自身があまり成長できないからです。

もう50歳を超えているのに、まだ新しいことをするのか、と聞かれることもありますが、何を言っているのか、と思います。人生100年の時代です。まだ50年も残っているのです。50歳からさらに成長せずして、どうやって100年を生き延びていくことができるのでしょうか。

こうしてこの本を執筆しているうちに、次に働く会社が、ナイアンティックに決まりました。そうです、「イングレス」や「ポケモンGO」で有名な、AR（拡張現実）の会社です。50歳にして初めてIT業界に、しかも最先端の会社に、飛び込むことになりました。まったくの新しい業界・仕事です。しかも、「まわりにいる人を幸せにしたい」という私の思いを実現できる場所です。

さて、新しい仕事で、どんな未来が待っているのか。今の時点ではまだ見えていませんが、自分はまた新しい経験ができること、自分が成長できることに、ワクワクしています。

また、自分も50歳になり、できるだけ多くの方に私の経験や知見を共有したいと思い、

「無双塾」というオンラインサロンを立ち上げましたので、ぜひ覗いてみてください。

最後になりましたが、本書の制作にあたっては、ダイヤモンド社の山下覚さんにお世話になりました。また構成にあたっては、ブックライターの上阪徹さんに多大なるお力添えを頂きました。この場を借りて、感謝申し上げます。

また、私という人間を作りあげてくれ、折りに触れ貴重なアドバイスをくれた、父・足立康と母・足立文子、永福小学校、向陽中学校、桐朋高校、一橋大学の友人たち、P&G、ブーズ・アレン、ローランド・ベルガー、ヘンケル、ワールド、日本マクドナルドの同僚たち、特に、竹内弘高先生（ハーバード大学経営大学院教授）、西浦裕二さん（三井トラストクラブ代表取締役会長）、下平篤雄さん（日本マクドナルド副社長兼COO）には、心から感謝しています。

P&Gと日本マクドナルド時代の戦友でもある根本薫さん（電通 第7ビジネスプロデュース局 部長）、大学の同期である土合朋宏さん（ワーナー ブラザーズ ジャパン上席執行役員）、P&Gの同期である西口一希さん（スマートニュース執行役員）、コロンビア大学時代からの友人である島田令さん（博報堂シニアアカウントディレクター）、ブーズ・アレン時代のクライアントでもあった黒田英邦さん（コクヨ代表取締役社長）、ローランド・ベルガー時代の同僚であった長島聡さん（ローランド・ベルガー日本代表）、日本マクドナルドの同僚であった小川竜平さん（フェイスブックジャパン執行役員）、日本マクドナルド時代にお仕事を御一緒させて頂いた経済キャスターの江連裕子さん（セントフォース）には、本書の構成や内容に対して、いろいろなアドバイスを頂きました。本当にありがとうございました。

最後に、娘の足立亜美が、日本語を勉強して、いつか本書を読んでくれることを願っています。

２０１８年11月　足立光

［著者］

足立光（あだち・ひかる）

元日本マクドナルド・マーケティング本部長／上席執行役員。1968年、米国テキサス州生まれ。一橋大学商学部卒業。P&Gジャパン（株）マーケティング部に入社し、日本人初の韓国赴任を経験。ブーズ・アレン・ハミルトン（株）、および（株）ローランドベルガーを経て、ドイツのヘンケルグループに属するシュワルツコフヘンケル（株）に転身。2005年には同社社長に就任。2007年よりヘンケルジャパン（株）取締役 シュワルツコフプロフェッショナル事業本部長を兼務し、2011年からはヘンケルのコスメティック事業の北東・東南アジア全体を統括。（株）ワールド 執行役員 国際本部長を経て、2015年から日本マクドナルド（株）にてマーケティング本部長としてV字回復を牽引し、2018年6月に退任。その後、アジア・パシフィック プロダクトマーケティング シニア・ディレクターとして、（株）ナイアンティックに参画。2016年「Web人賞」受賞。共訳書に『マーケティング・ゲーム』『P&Gウェイ』（ともに東洋経済新報社）等。オンラインサロン「無双塾」主催。

マクドナルド、P&G、ヘンケルで学んだ

圧倒的な成果を生み出す「劇薬」の仕事術

2018年11月21日　第1刷発行

著　者——足立光

発行所——ダイヤモンド社

〒150-8409　東京都渋谷区神宮前6-12-17

http://www.diamond.co.jp/

電話／03･5778･7232（編集）　03･5778･7240（販売）

編集協力——上阪徹

装丁————山之口正和（tobufune）

本文デザイン—布施育哉

DTP ———インタラクティヴ

校正————鷗来堂

製作進行——ダイヤモンド・グラフィック社

印刷————八光印刷（本文）・慶昌堂印刷（カバー）

製本————ブックアート

編集担当——山下 覚

ISBN 978-4-478-10656-3